그런 법이 어딨냐고 묻고 싶을 때

김변의 방과 후 법률사무소

그런 법이 어딨냐고 묻고 싶을 때

김변의 방과 후 법률사무소

초판 1쇄 펴냄 2019년 4월 30일
　　5쇄 펴냄 2022년 8월 29일

지은이 김민철
펴낸이 고영은 박미숙

펴낸곳 뜨인돌출판(주) | 출판등록 1994.10.11.(제406-251002011000185호)
주소 10881 경기도 파주시 회동길 337-9
홈페이지 www.ddstone.com | 블로그 blog.naver.com/ddstone1994
페이스북 www.facebook.com/ddstone1994 | 인스타그램 @ddstone_books
대표전화 02-337-5252 | 팩스 031-947-5868

ⓒ 2019 김민철

ISBN 978-89-5807-715-2　03300

·김변의 방과 후·
법률사무소

김민철 지음 | 그런 법이 어딨냐고 묻고 싶을 때 🔍

뜨인돌

사랑하는 부모님께 바칩니다.

법 없이 살기는
쉽지 않아

안녕하세요? 김변호사입니다. 제가 처음으로 유럽에 갔을 때 겪은 일을 하나 들려 드릴까 합니다. 독일과 오스트리아를 거쳐 체코를 다녀오는 일정으로, 마지막 여행지는 체코의 수도 프라하였습니다. 카를교의 환상적인 야경, 고풍스러운 프라하성 등 볼거리가 가득해 관광지 특유의 활기와 오래된 도시의 여유로움이 공존하는 곳이었죠.

여행이 막바지에 다다를수록 곧 일상으로 돌아가야 한다는 생각에 아쉬움이 몰려왔습니다. 그래서 귀국을 코앞에 둔 어느 밤, 이국의 정취를 조금이라도 더 느끼고 싶어 맥주를 하나 사서 길거리에 나앉았습니다. 볼품은 좀 없었지만, 아는 이 하나 없는 외국이니 이 정도는 아무렇지 않다며 맥주를 홀짝홀짝 마시고 있었죠. 한 30분쯤 지났을까요? 갑자기 경찰차가 나타났습니다.

동네 순찰이라도 하나 싶었는데, 경찰이 저에게 다가오더니 여권을 보여 달라고 했습니다. 살짝 당황하긴 했지만 여행객을 상대로 가끔 여권 검사를 한다는 이야기를 가이드북에서 본 기억이 있어서 차분하게 대응하려고 노력했습니다. 그런데 한참 여권을 살피던 경찰은 종이에 뭔가를 써서 내밀더니 돈을 내라고 했습니다. 아니, 이게 무슨 날벼락인가요! 왜 그러냐고 물었더니, 경찰은 밤에 길거리에서 술을 마시면 안 된다고 설명했습니다. 황당하기 이를 데 없었죠. 부족한 영어 실력에 손짓, 발짓을 다 동원해 열심히 설명했습니다.

"그런 법이 있는지 전혀 몰랐어요. 바로 이 앞에 있는 가게에서 술을 샀는데 아무도 그런 이야기를 해 주지 않았다고요."
하지만 경찰은 단호했습니다.
"어쩔 수 없어요. 법이 그렇습니다."

여행 온 외국인이라 체코의 법을 알지 못해 저지른 실수이니 한 번만 봐 달라고 절절히 호소했지만 소용없었습니다. 결국 돈을 내야 했습니다. 로마에 가면 로마법을 따라야 하듯, 체코에서는 체코의 법을 따라야 하니까요. 그리고 제 딴에는 억울했지만, 법을 몰랐다는 건 핑계가 되지 않습니다.

흔히 '모르는 건 죄가 아니다'라는 말을 합니다. 하지만 이 말은 법의 영역에서는 잘 통용되지 않습니다. 민원인에게 돈을 받은 공무원이 '돈을 받으면 죄가 되는지 몰랐다'라는 변명을 한다고 봐줄 수는 없는 노릇입니다. "변호사가 법도 모르냐?"라는 여러분의 타박이 눈에 선합니다. 그럼에도 체코에서 겪은 부끄러운 일을 입 밖에 꺼낸 까닭은 법을 아는 것이 얼마나 중요한지 알려 드리고 싶어서랍니다.

혼자 살아간다면 마음대로 행동해도 괜찮습니다. 법이란 게 필요 없을지도 모릅니다. 하지만 우리는 다른 사람과 같이 어울리며 살아갈 수밖에 없습니다. 또, 그런 사회를 지키기 위해서는 질서가 필요하죠. 그 질서를 위해 사회 구성원이라면 누구나 지켜야 할 최소한의 규칙을 정리한 것이 바로 법입니다.

법에 거리감을 느끼는 사람들이 많습니다. 저도 법을 본격적으로 공부하기 전까지는 그랬습니다. 왠지 법은 딱딱하고 낯설었죠. 하지만 막상 공부해 보니 법이 그렇게 먼 존재가 아니라는 걸, 실생활과 아주 밀접한 연관이 있다는 걸 알게 되었습니다. 이처럼 법 없이 살기는 쉽지 않다는 생각에 이 책을 썼습니다. 보통의 사람들과 법의 간극이 조금이라도 좁혀지길 바랍니다.

또 한 권의 책을 세상에 내어놓는다는 설렘도 있지만, 그에 못지않게 부담도 큽니다. 아마 '나의 글쓰기 실력은 나아지고 있는가?'라는 질문에 '그렇다'라고 대답할 확신이 없는 까닭이겠지요. 부족함이 많은 글임에도 또 한 번 출판의 기회를 준 뜨인돌출판사와 집필 기간 내내 따뜻한 격려를 아끼지 않은 담당 편집자에게 감사드립니다. 덕분에 큰 힘을 얻었습니다.

쑥스럽다는 이유로 평소 고마움과 애정을 잘 전하지 못했던 가족, 친구, 동료, 지인 들에게도 이 자리를 통해서나마 늘 감사하고 있다는 말을 전합니다. 소중한 이들이 없었다면 이 책도, 저도 없었을 것입니다.

#법_세계를_여행하는_탄탄한_기본기 #교과서에_나오네 #헌법의_이해 #민법의_기본_원리 #계약 #형법의_이해

제 1 장

법에도 기본 원칙이 있나요?

법을
마주하기
전에

수영을 잘하고 싶을 때, 제일 먼저 해야 할 일은 무엇일까요? 멋지게 헤엄치는 폼부터 익히면 되는 걸까요? 그러면 좋겠지만, 기본적으로 물에서 호흡하는 방법과 발차기부터 연습해야 합니다. 탄탄한 기본기가 무엇보다 중요한 것이죠. 기본기가 중요한 건 수영뿐만이 아닙니다. 노래를 잘 부르려면 소리를 제대로 내는 방법을 익혀야 하고, 훌륭한 건물을 지으려면 바닥 공사부터 튼튼하게 해야 합니다.

법도 마찬가지입니다. 법을 잘 이해하고 싶다면 기본이 되는 원칙들을 알아 둬야 합니다. 법은 방대하고 내용도 복잡합니다. 하지만 기본·원칙만 제대로 알고 있으면 법에 한결 쉽게 다가갈 수 있답니다.

흔히 법의 3대 이념을 정의, 합목적성, 법적 안정성이라고 합니다.

이 세 가지는 전체 법질서를 떠받치는 기본 이념입니다. 엄밀히 말하면 이념과 원칙은 다르다고 할 수 있지만, 법의 뿌리가 되는 정신이라는 점에서는 비슷하다고도 할 수 있지요. 이번 장에서는 특히 법적 안정성에 대해 자세히 알아보겠습니다.

한편 각각의 법률에도 바탕이 되는 원칙들이 있습니다. 헌법, 민법, 형법의 핵심이 되는 원칙들 중 하나씩을 살펴보겠습니다.

자, 원래 기본기를 익히는 과정은 재미가 없고 지루하기 마련입니다. 하지만 멋진 자세로 물살을 가르며 신나게 수영을 하기 위해서는 기본기를 익히는 시간이 필요함을 잊지 마세요!

친일파 후손의 재산을 환수하는 건 아무 문제도 없을까?

● 우리 역사의 그림자, 일제 강점기

역사에는 밝은 면과 어두운 면이 공존합니다. 우리 역사에서 가장 가슴 아프고 참담한 시기는 바로 일제가 국권을 침탈한 일제 강점기일 겁니다.

일제는 총과 칼을 들이밀고 우리나라에 쳐들어와서는 국가의 힘을 하나씩 빼앗더니, 결국에는 한반도를 자신들의 식민지로 만들어 버렸습니다. 고통은 고스란히 우리 선대의 몫이었습니다. 졸지에 전 재산을 빼앗긴 사람, 모진 고문을 당하고 목숨을 잃은 사람, 영문도 모른 채 강제로 징용된 사람, 일본군위안부로 끌려가 신체와 정신이 무참하게 짓밟힌 사람…. 일일이 열거하기 힘들 정도로 식민 지배의 피해가 막대했습니다.

많은 이들이 식민 지배로 인해 극심한 고통을 겪었지만 그렇지 않은 사람도 있었습니다. 이른바 친일파들이죠. 이들은 이웃과 조국을 배신하고 일제의 편에 서서 호의호식을 누렸습니다. 일제는 대표적인 친일파 인물인 민영휘에게 한일 강제 병합에 기여한 공으로 자작이라는 작위를 내리고, 현재의 화폐 가치로 환산하면 수십억 원에 달하는 거액의 돈을 주기도 했습니다. 친일파들은 일제 강점기가 계속 지속되기를 바랐겠지만 결국 일제는 무너졌고, 우리나라는 광복을 맞이할 수 있었습니다.

30여 년간의 식민 지배가 끝난 후 가장 중요했던 일은 일제의 잔재를 청산하는 것이었습니다. 하지만 어찌된 영문인지 친일파들이 저지른 일에 책임을 묻는 친일파 청산은 제대로 이루어지지 않았습니다. 1948년 '반민족행위처벌법'이라는 법률을 만들고 '반민족행위특별조사위원회'라는 기구가 출범했지만 별다른 성과가 없었던 것이죠. 이 법은 불과 3년 뒤인 1951년에 폐지되었고, 조사위원회의 활동도 미미한 편이었습니다.

지지부진하던 친일 잔재 청산은 2000년대 초반에 다시 시작되었습니다. 2005년 제17대 국회는 '친일재산귀속법'을 만들었는데, 이 법의 목표는 일제의 식민 통치에 적극적으로 협력하고 우리 민족을 탄압한 반민족행위자, 즉 친일파의 재산을 빼앗아 국가의 소유로 만드는 것이었습니다. 이 소식을 듣고 친일파의 후손들이 매우 강하게 반발하였습니다. 이들은 '친일재산귀속법'이 자신들의 재산권을 부당하게 침해하고 있을 뿐만 아니라 헌법에도 위반된다고 주장하며 헌법소원심판을 청구하였습니다. 이게 무슨 황당한 소리냐고요?

상식적으로 생각하면 친일파 후손들의 주장은 이치에 맞지 않는 것 같습니다.

> **헌법소원**
> 헌법은 가장 기본적이고 중요한 법입니다. 국민들의 기본적인 권리를 지키니까요. 그런데 국가가 국민의 기본권을 침해한다면? 그때 제기하는 재판이 헌법소원입니다.

친일파가 국가와 민족을 배신한 대가로 얻은 재산은 당연히 빼앗는 게 옳으니까요. 이들의 주장에 분노가 치밀지만 감정을 잠시 내려놓고 이성으로만 판단해 봅시다. 법은 기본적으로 이성과 논리의 학문입니다. 사실 법적인 논리만 가지고 이성적으로만 평가하면 이들의 주장이 완전히 터무니없는 건 아닙니다.

친일파 후손들은 어떤 주장을 했으며, 그 주장에 논리적 근거는 있는지, 이에 대해 헌법재판소는 어떤 결론을 내렸는지 차근차근 알아보겠습니다.

● 법을 함부로 바꾸면 안 되는 이유

법은 혼돈을 싫어하고 질서를 추구합니다. 안정적인 상태가 유지되는 걸 좋아합니다. 이걸 **법적 안정성**이라고 합니다. 법적 안정성은 정의, 합목적성과 함께 법의 3대 이념으로 꼽힙니다. 안정성이란 크게 변하지 않고 일정한 상태가 계속되는 걸 의미합니다. 예를 들어 사과 한 개의 가격이 오늘은 1000원인데 내일은 1만 원이고 그다음 날에는 500원이라면 사과의 가격은 안정적이라고 할 수 없죠.

법적 안정성도 마찬가지입니다. 법적인 권리나 지위의 변동이 심하지 않고, 어제의 상황과 오늘의 상황이 크게 다르지 않을 때 법적 안정성이 있다고 말할 수 있습니다. 법적으로 안정된 상태를 누리려면 규칙이나 제도가 크게 변하지 않아야 합니다. 과거의 상태를 존중해야 하는 것인데, 그러려면 소급입법을 자제해야 합니다. 소급입법이 뭐냐고요? 소급(遡及)은 시간을 거슬러 올라간다는 뜻입니다. 즉, **소급입법**은 새롭게 법을 만들어 과거의 일에 적용하는 걸 말합니다. 예를 들어 볼까요?

"모든 한국 사람은 집을 두 채까지만 가질 수 있다. 집을 두 채 넘게 가진 사람은 반드시 초과된 만큼의 집을 팔아야 한다"는 가상의 법률 '주택소유제한법'이 있다고 해 봅시다. 법을 2019년에 만들었고, 적용 시기는 2010년부터라고 가정하겠습니다. 만약 이 법이 시행된다면 어떤 일들이 벌

어질까요? 과거에는 집을 세 채 이상 가져도 문제없었지만, 2010년 이후로 집이 세 채 이상인 사람은 집을 갑자기 팔아야 합니다. 극심한 혼란이 일어나겠죠. 이유가 뭘까요? 법을 이미 지나가 버린 2010년 과거까지 거슬러 올라가서 적용했기 때문입니다. 이렇듯 소급입법을 하면 사회적인 혼란이 생겨서 법적 안정성이 흔들립니다.

그래서 제도나 법을 바꿀 때에는 기존의 상황은 그대로 놔두고 미래에만 새 법을 적용하여 혼란을 최소화하려 합니다. 만약 2019년에 '주택소유제한법'을 만들되, 적용 시기를 2010년이 아니라 2020년으로 한다면 어떨까요? 법이 시행되기 전에 집이 세 채 이상인 사람들은 과거에 산 집이니 팔지 않아도 괜찮고, 앞으로 집을 살 때만 조심하면 되기 때문에 혼란이 훨씬 줄어들 겁니다.

이렇듯 우리 헌법은 법적 안정성을 지키고자 소급입법을 하여 국민의 참정권을 제한하거나 재산권을 박탈하는 일을 금지하고 있습니다(헌법 제13조 제2항). 그런데 소급입법에도 두 가지 형태가 있습니다.

새롭게 법을 만들어서 '이미 종료된 일'에 적용하는 것을 진정 소급입법이라고 합니다. 이와 구별되는 개념으로는 부진정 소급입법이 있습니다. 부진정 소급입법은 새로운 법을 만들되, 법을 이미 종료된 일이 아니라 '현재 진행 중이거나 앞으로 발생할 일'에 적용하는 걸 말합니다. 일상에서는 잘 쓰이지 않는 '진정'이니 '부진정'이니 하는 말을 들으니 어질어질하죠? 쉽게 말하면 진정 소급입법은 '진짜 소급입법'이고, 부진정 소급입법은 '얼핏 보면 소급입법 같지만, 알고 보면 소급입법이 아닌 것'입니다.

	뜻	허용 여부(원칙)
진정 소급입법	새로운 법을 '이미 끝난 일'에 적용하는 것	헌법에서 금지함 → 진정 소급입법을 하면 법에 어긋남
부진정 소급입법	새로운 법을 '앞으로의 일'에 적용하는 것	헌법에서 허용함 → 부진정 소급입법을 해도 법에 어긋나지 않음

아직 헷갈리죠? 예를 들어 볼까요. 뜨인돌중학교에서 '불후의 가수왕'이라는 대회를 열었습니다. 대회에는 총 8명이 참가하는데 우승자를 결정하는 규칙은 이렇습니다.

규칙 1 2명의 참가자를 1개 조로 묶어, 4조까지 만든다. 각 조에서 경연을 벌이고 높은 점수를 획득한 사람이 다음 라운드로 진출한다.

규칙 2 점수는 선생님으로 구성된 심사위원단의 평가 점수(70%)와 학생들로 구성된 청중 투표 점수(30%)를 합해서 계산한다.

규칙 3 총 3라운드를 거쳐 최종 승리한 사람이 우승자가 된다.

1라운드가 끝나자 각 조에서 승리한 4명이 정해졌는데, 약간의 문제가 생겼습니다. 가만 보니 학생들의 청중 투표 점수보다 선생님으로 구성된 심사위원단의 평가 점수가 지나치게 높게 반영되는 것 같다는 생각이 들었습니다. 그래서 심사위원단 평가 점수와 청중 투표 점수의 반영 비율을 50:50으로 바꾸려고 합니다.

이때 바꾼 규칙을 언제부터 적용하느냐에 따라 소급입법의 종류가 달라집니다. 이미 1라운드가 끝나서 승자와 패자가 정해졌는데, 새롭게 바뀐 방식을 1라운드에도 적용하면 이건 어떤 소급입법일까요? 이미 종료된 일에 적용하는 것이므로 진정 소급입법입니다. 하지만 만약 이미 끝난 1라운드에는 적용하지 않고 앞으로 진행될 2라운드, 3라운드에만 적용하면 부진정 소급입법입니다. 과거에 정한 규칙을 바꾸는 것이라 얼핏 보면 과거로 거슬러 올라가는 것 같지만, 실제로는 과거의 일은 그대로 두고 앞으로의 일에만 영향을 미치기 때문이지요.

용어도 낯설고 내용도 어려운데, 굳이 이렇게 구분하는 이유는 뭘까요? 어떤 소급입법이냐에 따라 그 내용이 적법한지의 여부가 달라지기 때문입니다. 헌법은 진정 소급입법

을 금지합니다. 하지만 부진정 소급입법은 원칙적으로 적법
하므로 허용됩니다.

● 친일 재산을 환수할 수 있을까?

그렇다면 '친일재산귀속법'은 진정 소급입법과 부진정 소
급입법 둘 중 뭘까요?

답은 진정 소급입법입니다. 이 법률은 친일파 소유의 재
산, 즉 오늘날에는 그 후손들이 상속받은 재산을 국가의 재
산으로 되돌리는 법입니다. 법이 과거에 이미 일어난 일에
까지 영향을 미쳐 결과를 바꾸기 때문에 진정 소급입법인
것이지요.

> **법에도 위아래가 있다?**
> 모든 법들이 동등한 지위에 있
> 는 것은 아닙니다. 법은 '헌법-
> 법률-명령·자치법규' 순으로
> 위아래가 정해져 있어 아래에
> 있는 법이 위에 있는 법을 위반
> 할 수 없습니다.

그런데 헌법은 진정 소급입
법을 금지합니다. 또한 헌법이
법률보다 상위의 법이므로 헌법
에 위반된 법률은 효력이 없습

니다. 그렇다면 '친일재산귀속법'은 헌법에 위반되어 효력이 없으니 친일 재산을 환수할 수 없는 걸까요? 물론 그렇지는 않습니다.

우리는 앞에서 소급입법을 하면 법적 안정성이 깨지고 사회적인 혼란이 생기기 때문에 헌법이 진정 소급입법을 금지한다고 배웠습니다. 혼란이 생기는 건 그런 법이 생기리라는 사실을 예상하지 못해 사람들이 대비하지 않았기 때문이죠. 그럼 이렇게 생각할 수 있지 않을까요?

'이런 법이 생길 것이라는 사실을 예상할 수 있었다면 어떨까? 그러면 이후에 혼란이 크지 않을 테니, 진정 소급입법을 해도 괜찮지 않을까?'

그래서 헌법재판소는 국민이 진정 소급입법을 예상할 수 있었거나 공익상의 이유가 아주 큰 경우에는 예외적으로 진정 소급입법을 해도 괜찮다고 봅니다. 대표적인 사례가 바로 '친일재산귀속법'입니다.

헌법재판소가 '친일재산귀속법'이 헌법에 위반되지 않는다고 판단한 이유는, 친일파가 자신들이 친일 활동으로 얻은 재산을 환수당할 수 있다는 사실을 충분히 예상할 수 있었다고 봤기 때문입니다. 일제 강점기가 오랫동안 지속되기는 했지만 언젠가는 우리 민족이 독립을 이뤄서 자주 국가를 건립할 것인데, 그날이 오면 친일로 얻은 재산을 계속 가지고 있지 못하리라는 사실을 이들도 충분히 예측할 수 있었다고 본 것입니다.

친일파의 후손들도 마찬가지입니다. 친일파를 역사적·법적으로 엄중하게 평가하고, 친일 재산을 환수하여 식민 지배의 잔재를 정리해야 한다는 사회적 요구는 계속 제기되었습니다. 이러한 사회의 흐름을 볼 때 친일파 후손들도 물려받은 재산을 국가가 가져갈 수 있다는 걸 충분히 예상할 수 있었겠죠.

즉, 예상치 못한 상황으로 인한 혼란을 막기 위해 진정 소급입법을 금지하는데, 예상이 가능했던 일이라면 예외적으로 진정 소급입법도 가능하다는 것이죠. 헌법재판소의 논리가 이제 이해되시나요?

그럼 다른 나라들은 어떻게 할까요? 소급입법을 통해서

과거사 청산을 하는 건 종종 있는 일입니다. 프랑스에서는 이런 일이 있었습니다. 제2차 세계대전 당시인 1940년경, 독일군이 파리를 침공하자 프랑스의 친독일파 인물인 앙리 페탱(Henri Pétain)은 프랑스 본국 영토의 3분의 2를 독일이 직접 지배하도록 넘겼습니다. 그러고는 프랑스 남부의 비시 (Vichy) 지역에 정부를 수립하여 남부의 일부 지역만 프랑스가 통치하였는데, 앙리 페탱이 세운 비시 정부는 외세에 굴복한 꼭두각시 정부의 대표적인 예로 꼽힙니다. 전쟁이 끝나고 독일의 지배에서 벗어난 프랑스는 비시 정부를 위해 일한 사람들과 나치 협력자들을 소급적으로 처벌하는 법을 만들어 시행함으로써 역사적인 책임을 물었습니다.

● 정의 vs 법적 안정성

헌법재판소가 '친일재산귀속법'이 헌법에 위반되지 않는다고 본 직접적인 이유는 "소급입법에 대해서 예상이 가능하였다"라는 것이었죠. 하지만 그 밑바탕을 잘 살펴보면 법적 안정성을 추구하는 일에도 한계가 있음을 알 수 있습니다. 즉 법적 안정성은 법이 추구하는 주요 이념이지만, 유일하고 절대적인 가치는 아닙니다. 그보다 중요한 이념이 있으면 어느 정도 양보도 가능한 것이죠.

법적 안정성과 곧잘 충돌을 일으키는 이념은 **정의**(正義)입니다. 정의가 무엇인지 한마디로 표현하기는 매우 어렵지만 일단 '올바름' 정도로 생각해 볼까요? 대체 왜 이 둘이 충돌을 일으킬까요?

이부자 씨가 정궁핍 씨에게 돈을 빌려준 사례를 통해 정의와 법적 안정성의 긴장 관계를 알아보겠습니다. 돈을 빌려준 이부자 씨는 당연히 돈을 빌려 간 정궁핍 씨에게 돈을 돌려받을 권리가 있습니다. 하지만 돈을 빌려 간 뒤 10년이 지났다면 이부자 씨는 돈을 돌려받기 힘들어집니다. 왜냐하면 민법에는 일정한 기간이 지나면 권리를 행사하지 못하도록 하는 소멸시효 제도가 있기 때문입니다. 돈을 돌려받을 수 있는 권리는 돈을 빌려준 때부터 10년이 지나면 사라져

버리는 것이죠.

돈을 빌려줬는데 돌려받을 수 없다니, 상식적으로 올바르지 않죠? 정의롭지 않기도 하고요. 그런데도 민법에 소멸시효 제도를 두는 이유는 시간이 많이 지난 일은 더 이상 문제 삼지 않도록 해서 법적인 안정성을 추구하기 위해서입니다.

물론 무조건 10년만 지나면 모든 돈을 갚지 않아도 되는 건 아닙니다. 소멸시효 제도에도 예외는 존재합니다. 그 예외가 다양하여 일일이 다 설명하기는 어렵지만, 대체로 정의의 관점에서 봤을 때 '이건 해도 해도 너무 심하다' 싶은 경우에는 시간이 상당히 지나도 돈을 받을 수 있습니다.

안정된 생활을 유지하는 건 중요합니다. 또한 법적 안정성을 누리려면 가능한 한 현재의 상태를 존중해야 하지요. 하지만 무작정 현실만 고집할 수는 없습니다. 과거의 일이라도 아주 잘못된 것은 설령 법적 안정성이 흔들리더라도 바로잡아야 합니다. 헌법재판

> **소멸시효**
> 음식에 유통기한이 있듯 권리도 행사할 수 있는 기간이 있어요. 일정 시간이 지나면 권리를 행사하지 못합니다. "권리 위에서 잠자는 사람은 보호받지 못한다"라는 말이 있기도 하죠.

소가 법을 새로 만들어서 과거에 일어난 일에 적용하는 진정 소급입법을 원칙적으로 금지하면서도, 예외적으로 예상이 가능하거나 공익적인 이유가 매우 큰 경우에는 허용하는 이유도 바로 이 때문이겠죠.

김변의 한방정리

친일파가 친일 활동으로 획득한 재산을 국가의 소유로 환수하는 '친일재산귀속법'은 과거의 일에 적용하는 진정 소급입법이기는 합니다. 진정 소급입법은 원칙적으로는 금지됩니다. 하지만 '친일재산귀속법'은 예외적으로 소급입법을 하는 것이 예상 가능하여 허용되는 경우이고, 민족의 정기를 찾고 잘못된 과거를 청산하는 법이기 때문에 헌법에 위반되지 않습니다. 시간이 지나도 정의는 바로 세워야 하니까요.

박근혜 전 대통령은 왜 탄핵되었을까?

● 최초로 탄핵된 대통령

대한민국 제18대 대통령인 박근혜 전 대통령에겐 자랑스러운 타이틀이 여럿 있습니다.

'대한민국 최초의 여성 대통령' '최초의 부녀 대통령' '선거의 여왕!'

하지만 자랑스럽지 않은 타이틀도 있는데, 그중에서도 최악은 '헌정 사상 최초로 탄핵된 대통령'일 것입니다. 대한민국을 대표하는 지도자로 막강한 권력

> **탄핵**
> 대통령, 국무총리, 장관과 같은 고위 공무원을 그 자리에서 내려오게 만드는 제도.

김변의 방과 후 법률사무소

을 누리던 박 전 대통령은 강제로 대통령의 자리에서 쫓겨
나고, 결국에는 구속되는 지경에 이르렀죠. 어쩌다 이런 일
이 생겼을까요?

박근혜 전 대통령의 탄핵 사건에서 빠질 수 없는 인물은
바로 '비선 실세' 최순실입니다. 한 언론사의 보도로 그녀가
국정에 깊숙이 개입했다는 정황이 드러났습니다. 진상을 확
인해 보니 상황은 더욱 심각했습니다. 비선 실세에 의한 국
정 농단이 박근혜 대통령 집권 기간 내내 지속되었다는 게
밝혀져 많은 국민들이 깊은 충격과 절망에 빠졌죠.

그런데 '비선 실세에 의한 국정 농단'은 무슨 말일까요?
비선(秘線)은 몰래 어떤 인물이나 단체와 관계를 맺고 있다
는 뜻입니다. 농단(壟斷)이란 '깎아 세운 듯 높은 언덕'이란
뜻인데, 이익이나 권리를 독차지하는 걸 비유적으로 일컫는
말이죠. 어떠한 공직도 없이, 오로지 대통령과 개인적인 친
분이 있는 것에 불과한 최순실. 그녀는 대통령 연설문, 해외
순방 일정 등의 비밀 문건을 받아 보고 고위 공직자들의 임
명에 관여하기도 했습니다. 이렇게 비선의 실세였던 최순실

이 국정을 좌지우지하면서 자신의 사리사욕을 채운 일이 박근혜·최순실 국정 농단 사태입니다.

국정 농단 사태를 계기로 박근혜 정부의 민낯이 드러났고, 그 모습에 크게 실망한 수많은 국민들이 촛불을 들고 거리로 나와 대통령의 퇴진을 요구하였습니다. 박 전 대통령이 자리에서 스스로 물러나지 않자 국회는 탄핵소추안을 발의하였고, 총 300명의 국회의원 중 234명이 찬성하였습니다. 국회는 탄핵을 직접 결정하는 게 아니라 탄핵의 가부를 판단해 달라고 신청하는 절차인 **탄핵소추**를 할 수 있을 뿐입니다. 박 전 대통령 탄핵 심판에서 쟁점 사항은 크게 네 가지였습니다.

> **탄핵소추**
> 어떤 공무원을 탄핵해 달라고 요구하는 것. 탄핵 소추는 국회가 하는 것이고, 탄핵을 할지 말지는 헌법재판소가 결정합니다.

첫째, 최순실이 국정에 개입하는 과정에 대통령이 권한을 남용하여 최순실을 도왔는가?

둘째, 대통령이 비선 실세를 보도한 언론사의 사장을 강제로 퇴임하게 만들어서 언론의 자유를 침해하였는가?

셋째, 세월호 참사가 발생하였을 때, 대통령이 국민의 생명과 안전을 보호하기 위한 적극적인 조치를 취하지 않아 생명권을 보호해야 할 의무를 저버렸는가?

넷째, 대통령이 대기업으로부터 뇌물을 받는 등 각종 형사법에 어긋난 행동을 하였는가?

네 가지 모두 중요한 쟁점이었지만 가장 핵심은 역시 첫 번째 쟁점이었습니다. 특히 헌법의 기본 원리인 **국민주권주의**와 직결된 문제였죠.

● 헌법의 뿌리가 되는 기본 원리들

헌법의 기본 원리는 무엇일까요? 다시 말해 우리나라 헌법의 정신이라고 할 수 있는 것들은 무엇일까요?

국민주권주의, 자유민주주의, 복지국가주의, 국제평화주의, 평화통일주의, 문화국가주의, 이 여섯 가지가 헌법의 기본 원리입니다. 박근혜 전 대통령 탄핵심판에서 나왔던 국민주권주의, 자유민주주의는 조금 있다가 자세히 살펴보고, 나머지 기본 원리부터 간략하게 알아보겠습니다.

복지국가주의는 국가가 국민의 복지를 책임진다는 의미로, 주로 경제적인 측면을 강조합니다. 복지의 대표적인 예가 건강보험입니다. 몸이 아픈데 돈이 없어서 치료를 받지 못한다면 너무 슬프고 힘들겠죠? 이런 일을 막기 위해 국가는 국민들이 건강보험에 반드시 가입하게 합니다. 건강보험에 들면 다치거나 아파서 병원을 이용할 때 치료비의 일부를 지원받을 수 있으니 돈이 없어서 치료를 못 받는 일이 줄어듭니다.

국제평화주의는 국제법을 존중하고 다른 나라와 평화로운 관계를 유지한다는 의미입니다. 평화와 정반대에 있는 단어는 바로 전쟁입니다. 전쟁은 모든 걸 파괴하는 무서운 일입니다. 우리 헌법은 대한민국이 전쟁을 일으켜서는 안 된다고 규정하고 있습니다. 그렇다고 외국이 우리나라를 쳐들어

와도 가만히 있어야 하는 건 물론 아닙니다. 헌법이 금지하는 전쟁은 우리가 다른 나라를 먼저 침략하는 전쟁이므로, 다른 나라가 해 온 침략에 대한 방어는 가능합니다.

평화통일주의는 우리 민족의 과제인 통일을 평화적인 방법을 통해 추구한다는 뜻입니다. 한반도의 분단은 우리 민족이 원한 것이 아니라 외세에 의해 강제로 이루어졌습니다. 경위야 어찌 되었든 분단은 상당 기간 지속되었고, 남한과 북한의 정치·경제 체제는 상당히 다른 상황입니다. 이러한 차이를 극복하고 하나의 통일된 국가를 건설하는 과정에서 반드시 지켜야 할 원칙은 통일의 과정이 평화적이어야 한다는 점입니다.

문화국가주의는 국가가 문화를 보호하고 더욱 발전시켜야 한다는 원칙입니다. 일상에서 문화는 주로 문학·음악·미술과 같은 예술 활동을 뜻하는 말로 쓰이지만, 문화국가주의에 쓰인 문화는 조금 더 넓은 의미입니다. 예술뿐만 아니라 종교·교육 등의 활동도 포함됩니다. 국가가 예산을 들여서 의무교육을 실시하는 것도 문화국가주의를 달성하기 위해서라고 볼 수 있죠.

● 대한민국의 주인은?

헌법의 다른 기본 원리도 중요하지만, 핵심은 **국민주권주의**와 **자유민주주의**입니다. 헌법 제1조에서 국민주권주의를 규정하는 이유도 이것이 그만큼 중요하기 때문이죠. 헌법 제1조의 내용을 볼까요?

헌법 제1조

① 대한민국은 민주공화국이다.

② 대한민국의 주권은 국민에게 있고, 모든 권력은 국민으로부
터 나온다.

박근혜 전 대통령 탄핵을 외치던 촛불 시위 때 "대한민국
은 민주공화국이다"라는 문구가 많이 등장한 걸 기억하시나
요? 이 말이 바로 헌법 제1조 제1항의 내용입니다.

국가의 3요소를 흔히 국민, 영토, 주권이라고 합니다. 이
중에서 주권은 국가의 중요한 의사를 결정하는 최고 권력을
뜻합니다. 주권은 누가 가지는 걸까요? 대통령이나 국회의
원일까요? 아니면 재벌 기업의 회장님일까요?

주권은 특정한 집단이나 한 개인에게만 있는 것이 아니라
국민 전체에게 있습니다. 헌법은 이러한 국민주권주의를 명
확하게 밝히고 있습니다. 따라서 국회의원이 법을 만들 때,
판사가 판결을 내릴 때, 공무원이 각종 정책을 만들고 실시
할 때, 자신들이 행사하는 권력이 국민의 뜻과 이익에 맞는

지를 항상 생각해야 합니다. 예를 들어, 만약 국회가 '재산이 10억 이상인 사람만 투표할 수 있다'라는 법을 만들어 그보다 재산이 적은 사람의 선거권을 없앤다면 어떻게 될까요? 부자가 아닌 사람들이 정치에 참여할 수 없고, 중요한 문제에 목소리를 낼 수 없게 만드는 이런 법은 헌법의 기본 원리인 국민주권주의에 어긋납니다.

개념적으로 엄밀히 따지면 국민주권주의와 자유민주주의를 구별할 수도 있겠지만, 현실에서 보면 둘은 아주 밀접한 관련이 있습니다. 거의 유사한 뜻으로 사용되기도 하죠. 왜 그럴까요? 우리나라는 국민주권주의를 실현하기 위해 자유민주주의를 채택하고 있기 때문입니다. **자유민주주의**는 경제적으로 **자유시장경제**를, 정치적으로는 **민주주의**를 추구합니다.

자유시장경제는 개인의 자유로운 경제 활동과 사유 재산을 존중하는 경제 체제입니다. 국가가 재산을 모두 소유하고 자유로운 경제 활동을 제한하는 사회주의계획경제와 대비되지요.

민주주의는 다수 국민에 의한 통치 체제로, 일부 집단이 지배하는 독재주의와 반대됩니다. 민주주의를 실현하는 가장 이상적인 방법은 국민 개개인이 모두 정치에 참여하여 국가의 정책을 직접 결정하고 실행하는 직접민주주의인지도 모릅니다. 하지만 국가가 크고 사회의 문제는 매우 복잡해서 직접민주주의를 실현하는 건 어렵습니다. 그래서 대부분의 국가들은 간접민주주의를 채택하고 있죠. 대통령이나 국회의원 같은 국민의 대표를 뽑아 그들이 국가의 공적인 일을 처리하게 하는 방식이 간접민주주의입니다.

국민의 대표는 시험을 보거나 추첨으로 뽑는 것이 아니라, 국민이 선택해서 정합니다. 그 선택의 과정을 선거라고 합니다. 여러 정당들에서는 후보를 내세우고 공약이라는 형태로 정책을 제시합니다. 국민은 원하는 후보에게 투표를 하고,

> **선거의 네 가지 원칙**
> ① 보통선거
> : 선거권을 모든 국민이 가짐
> ② 평등선거
> : 모두 1표씩만 행사
> ③ 직접선거
> : 스스로 투표함
> ④ 비밀투표
> : 투표 내용을 남이 모르게 함

표를 많이 얻는 사람이 대표가 됩니다. 간접민주주의가 제대로 운영되려면 대표를 뽑는 일이 매우 중요하겠죠? 그래서 선거를 '민주주의의 꽃'이라 부르기도 한답니다.

● 박근혜 전 대통령의 잘못

박근혜 전 대통령과 최순실의 인연은 아주 오래전부터 이어져 왔습니다. 대통령도 사람이니 가깝게 지내는 지인이 있을 수는 있습니다. 그걸 나무랄 수는 없죠. 하지만 대통령이라는 공적인 직책의 임무를 수행할 때에는 개인적인 관계에 영향을 받으면 안 됩니다. 공적인 일과 사적인 일은 엄격히 구분해야 하죠. 대통령은 국민의 대표로 선출되어 한 국가를 이끌어 가는 지도자이니까요. 하지만 박 전 대통령은 그러지 못했습니다. 뭐가 문제였을까요?

국가를 운영하다 보면 매우 복잡하고 어려운 문제에 부딪히기 마련인데, 그 모든 걸 대통령 혼자만의 힘으로 해결하기는 어렵습니다. 그래서 대통령의 업무를 돕는 기획재정부, 교육부, 국방부, 외교부, 통일부와 같은 행정부의 각 부처와 대통령 비서실 등의 청와대 조직이 있는 것이죠.

하지만 박 전 대통령은 국가의 공식적인 조직보다는 개인적으로 가까운 최순실에게 더 의지했습니다. 최순실은 어떤 공적인 지위도 없었고, 국민들로부터 어떠한 선택도 받지 않은 사람입니다. 그럼에도 불구하고 그녀는 박 전 대통령이 보낸 국가의 각종 정책에 대한 보고서나 연설문을 미리 받아 보고 의견을 제시했습니다. 박 전 대통령은 최순실의 의견에 따라 정책을 시행한 경우도 많았죠. 또한 최순실은 자신과 친한 사람들을 행정부의 고위 관료로 추천했고, 박 전 대통령은 그녀가 추천한 사람을 문화체육관광부 차관, 청와대 수석비서관 등의 높은 자리에 임명했습니다. 한마디로 나랏일에 최순실이 감 놔라 배 놔라 한 거죠.

최순실이 박 전 대통령을 통해 국정에 깊숙이 개입한 건 국민 다수의 행복이 아니라 제 이익을 챙기기 위해서였습니다. 최순실은 문화·체육 사업을 발전시킨다는 명목으로 미르 재단, 케이스포츠 재단 등을 만들기도 했습니다. 재단을 만들려면 돈이 필요하겠죠. 박 전 대통령은 대기업의 회장들을 압박하여 수백억 원의 돈을 내게 하였고, 그 돈은 최순실이 지배하는 재단에 들어갔습니다. 사실상 최순실이 거액의 돈을 챙긴 것과 비슷한 일이 생긴 겁니다.

대통령은 행정부에서 가장 높은 지위에 있는 사람일 뿐만 아니라 국가의 최고 지도자이므로, 국민 전체를 위하여 일해야 합니다. 그래야 나라가 제대로 운영됩니다. 헌법이나 국가공무원법, 공직자윤리법 등의 법률에도 그 의무가 명시적으로 규정되어 있습니다.

그런데 박 전 대통령은 최순실 개인의 이익을 위하여 대통령으로서의 지위와 권한을 함부로 사용했기 때문에 공정하게 직무를 수행했다고 보기 어렵습니다. 그리고 대통령의 막강한 힘을 이용하여 기업들에게 거액을 받아 낸

> **대통령 선거 출마 자격**
> 대통령 선거에 나가려면 최소한 두 가지 자격을 갖춰야 합니다. 첫째, 나이가 만 40세 이상. 둘째, 선거일 기준으로 5년 이상 국내에서 거주.

김변의 방과 후 법률사무소

행위는 기업의 자유로운 경영과 사유 재산을 침해하는 일이기도 합니다. 즉, 박 전 대통령의 행동은 헌법과 법률에 위반된다고 할 수 있습니다.

헌법과 법률에 위반되는 행위를 했다고 해서 곧바로 탄핵되는 건 아닙니다. 탄핵은 대통령을 그 자리에서 강제로 끌어내리는 일입니다. 국민이 직접 뽑은 대표를 함부로 바꾸어서는 안 되니 아주 신중하게 접근해야 합니다. 헌법재판소는 대통령을 쉽게 탄핵해서는 안 되며, 헌법이나 법률을 위반한 대통령의 행위가 상당히 중대할 뿐만 아니라 사회에 미치는 부정적 영향이 매우 큰 경우여야 탄핵할 수 있다는 입장을 분명히 밝히고 있습니다. 그러니까, 쉽게 말하면 아주 큰 잘못을 해야 대통령을 그 자리에서 끌어내릴 수 있다는 의미입니다.

헌법재판소는 이런 엄격한 잣대 아래에서도 박 전 대통령이 탄핵되어야 한다는 결정을 내렸습니다. 결정에 참여한 헌법재판관 8명이 만장일치로 내린 결론이었습니다. 그 이유가 무엇일까요? 박 전 대통령은 공익을 실현해야 할 의무를 지키지 않고, 개인적인 친분이 있는 사람을 위해 권한을 남용했습니다. 헌법재판소는 이를 민주주의의 원칙을 크게 위반하고 국민의 믿음을 완전히 저버린 행동이라고 판단한 것이죠. 결국 박 전 대통령의 행동이 헌법의 기본 원리인 국민주권주의에 어긋났다는 의미입니다.

김변의
한방정리

헌법은 국민이 나라의 주인이라는 국민주권주의를 뿌리로 삼고 있습니다. 대통령이 강한 힘을 가진 것은 그 사람 자체가 위대해서가 아니라, 국민들이 그를 대표로 선택했기 때문입니다. 그 힘은 원래 국민에게 있지만 효율적인 국가 운영을 위해 대표자에게 잠시 맡겨 둔 것에 불과합니다. 박 전 대통령이 헌정사상 최초의 탄핵 대통령이라는 비극적인 결말을 맞은 이유는 주권이 국민에게 있고, 대통령은 주권자인 국민을 위해서 일하는 존재라는 당연한 사실을 잊었기 때문이겠죠.

두 명이 된 동방신기

● 동방신기와 SM엔터테인먼트

동방신기의 멤버는 몇 명일까요? 어쩌면 이 질문에 답을 어떻게 하느냐로 대답한 사람의 나이를 가늠할 수 있을 것 같습니다. 젊은 친구들은 두 명이라고 단박에 정답을 말하겠지만, 저 같은 아재들 중에는 다섯 명이라고 답하는 사람도 있을 겁니다. 오답을 말한 아재들을 위해 변명을 하자면, 동방신기가 공식 데뷔한 2004년 당시에는 멤버가 다섯 명이었으니 반은 맞혔다고 볼 수 있지 않을까요.

동방신기는 믹키유천, 시아준수, 영웅재중, 유노윤호, 최강창민의 다섯 명으로 활동을 시작했습니다. 하지만 이후 믹키유천, 시아준수, 영웅재중이 팀에서 탈퇴하면서 유노윤호, 최강창민의 2인조 그룹이 되었습니다. 세 명의 멤버가 동방신기에서 나가게 된 정확한 이유가 무엇인지는 알지 못합니다. 하지만 세 멤버와 소속 기획사인 SM엔터테인먼트가 소송을 벌인 걸 보면 양측이 심한 갈등을 겪었고, 탈퇴 과정이 원만하지 않았던 걸 짐작할 수 있습니다.

믹키유천, 시아준수, 영웅재중이 소송을 제기하면서 법원에 요구한 것은 크게 두 가지였습니다.

첫째, 세 사람과 SM엔터테인먼트가 맺은 전속 계약의 효력을 정지시킬 것.

둘째, 세 사람이 다른 연예기획사를 통해서 하는 방송 활동이나 음반 활동을 SM엔터테인먼트가 방해하지 않을 것.

쉽게 말해 믹키유천, 시아준수, 영웅재중은 SM엔터테인먼트에게 자신들을 그만 놓아주고, 자유롭게 활동할 수 있게 해 달라고 요구한 겁니다.

세 사람이 이러한 요구를 한 이유는 뭘까요? 이들은 '전속 계약이 지나치게 SM엔터테인먼트에게 유리하고, 우리에게는 불리한 불공정 계약이라 지키기 어렵다'고 주장했습니다. 이에 대해 SM엔터테인먼트는 '전속 계약은 양측이 자유롭게 체결한 계약이고, 데뷔 전에 높은 비용이 투자되어야 하는 연예계의 사정을 고려하면 연예인에게 어느 정도 불리한 건 어쩔 수 없다'고 맞섰습니다.

이렇듯 세 사람과 SM엔터테인먼트는 서로 반대되는 말을 하였는데, 법원은 누구의 손을 들어 주었을까요? 그리고 그 이유는 무엇일까요? 이 질문에 대답을 하려면 **사적자치의 원칙**에 대해서 알아야 합니다.

● 개인들의 문제는 개인들이 알아서 해결하라

민사, 형사, 가사, 행정 등 법에도 다양한 분야가 있습니다. 그중에서 개인과 개인 사이에 일어나는 다양한 분쟁을 다루는 분야가 바로 **민사**입니다. 반드시 그런 것은 아니지만 단순하게 이야기하면 주로 돈 문제를 다루는 영역이 민사라고 할 수 있습니다.

민사사건에 적용되는 법을 민사법이라 부릅니다. 민법, 상법, 민사소송법, 주택임대차보호법 등이 민사법이지요. 민사법에서 가장 기본이 되는 원칙이 바로 **사적자치의 원칙**입니다. '사적(私的)'은 공공성의 의미를 띄는 '공적(公的)'과 반대되는 말이고, '자치(自治)'는 스스로 다스린다는 뜻입니다. 그러니 사적자치를 간단하게 표현하자면 '개인과 개인 사이에 일어나는 일은 양쪽이 알아서 자유롭게 정하고, 혹시 문제가 생겨도 알아서 해결하라'는 겁니다.

예를 들어 볼까요? 집은 같은 크기라도 어디에 있는지에 따라 가격이 매우 다릅니다. 서울 강남의 아파트와 강원도 산골의 아파트는 가격 차이가 몇 배나 나죠. 비슷하거나 동일한 제품이라도 이렇듯 가격이 다른 이유는, 가격을 국가나 정부가 정하는 게 아니라 거래를 하는 사람들끼리 알아서 정하기 때문입니다.

국가가 사적자치의 원칙에 따라 개인들 사이의 자발적 거래에 개입하지 않는 이유는 무엇일까요? 개인의 문제는 개인들이 알아서 정하는 것이 가장 효율적이기 때문입니다. 모든 문제를 국가나 정부가 해결하는 건 바람직하지도 않을 뿐만 아니라 사실상 불가능합니다. 하루에도 무수한 사람들이 엄청나게 많은 거래를 하고 있는데, 그때마다 어떻게 국가가 일일이 나설 수 있겠어요? 그래서 우리 헌법도 제119조 제1항에서 "대한민국의 경제 질서는 개인과 기업의 경제상의 자유와 창의를 존중함을 기본으로 한다"라고 규정했습니다. 시장경제질서가 기본이라는 걸 선언하고 있죠.

한편, 사적자치의 원칙의 이면에는 자유롭게 정한 약속은 지켜야 한다는 의미가 있기도 합니다. 법적으로 의미가 있는 약속을 **계약**이라고 부릅니다. 계약을 맺으면 그 계약은 지켜야 합니다. 만약 계약을 해 놓고 아무도 지키지 않으면 사회는 굉장히 혼란스러워지겠죠. 어차피 계약이 지켜지지 않을 테니 아무도 계약을 맺지 않을 것이고, 이는 곧 각종 거래가 이루어지지 않는다는 것을 의미하니까요.

● 예외 없는 법칙은 없다

그렇다면 항상 어느 경우에나 예외 없이, 계약은 반드시 지켜야 할까요? 그렇지는 않습니다. "예외 없는 법칙은 없다"라는 말이 있습니다. 이 말은 계약에도 적용됩니다. 때에 따라서 약속을 지키지 않아도 되는 경우가 있는 것이지요. 우리 민법은 그 경우를 크게 여덟 가지로 규정하는데, 이 중에서 '건전한 사회질서 위반'으로 계약이 무효가 되는 경우를 살펴보겠습니다.

건전한 사회질서에 반하는 계약은 민법 제103조에 따라 무효입니다. '건전한 사회질서'라는 말이 약간 모호하게 느껴지시나요? 『심청전』을 예로 들어 보겠습니다. 심청은 아버지의 눈을 뜨게 하려고 공양미 300석을 받는 대신 목숨을 포기하기로 상인

> **계약을 지키지 않아도 되는 경우**
> ① 행위무능력
> ② 강행법규 위반
> ③ 건전한 사회질서 위반
> ④ 불공정한 법률 행위
> ⑤ 진심이 아닌 의사 표시
> ⑥ 허위 표시
> ⑦ 사기나 협박에 의한 의사 표시
> ⑧ 착오(착각)

과 계약했습니다. 앞에서 본 대로 계약은 지켜야 하니, 심청도 상인과 맺은 계약을 지켜야 할까요? 아무리 상인과 그렇게 약속했더라도 인간에게 가장 소중한 목숨을 포기하라고 강요하는 것은 보통 사람의 도덕 감정과 맞지 않습니다. 죽음을 강요하는 사회를 건전하다고 말하기도 어렵겠죠.

만약 상인이 심청에게 "계약을 했으니 목숨을 내어 놓으라"라고 하면, 심청은 "계약을 한 건 맞지만, 그 계약은 건전한 사회질서에 위반되어서 무효야!"라고 답하면 됩니다.

그렇다면 힘이 아주 센 사람이 약한 사람을 강하게 압박해서 일방적으로 자신에게만 유리한 계약을 한 경우는 어떨까요? 이런 계약까지 지키게 하는 건 힘이 약한 사람에게 너무 가혹한 일이 아닐까요.

앞서 이야기한 민법의 기본 원칙인 사적자치의 원칙이 정당성을 가지려면, 각 개인이 동등한 지위와 자유로운 상태에 있다는 사실이 전제되어야 합니다. 하지만 현실은 그렇지 않죠. 사회에는 강자와 약자가 존재합니다. 언론에서 자주 등장하는 **갑을 관계**라는 표현은 힘센 사람인 갑(甲)과 힘

이 없는 사람인 을(乙)의 수직 관계를 의미합니다. 만약 갑이 마음대로 계약 내용을 정하고, 을은 자신에게 굉장히 불리한 계약을 그대로 받아들일 수밖에 없다면 그 계약은 공정하다고 보기 어렵습니다. 따라서 개인의 자유를 심하게 제한하여 상대방에게 과도한 부담을 지우는 계약도 건전한 사회질서에 위반됩니다.

한 가지 주의해야 할 게 있습니다. 계약을 맺은 두 사람 사이에 힘의 불균형이 있고, 한쪽에 일부 불리한 내용이 있다고 해서 항상 그 계약이 사회질서에 위반돼 무효인 건 아닙니다. 불공정한 법률 행위를 지나치게 넓게 인정하면 대부분의 계약이 무효가 되고 말 테니까요. 사회질서를 심하게 위반해 도저히 그냥 넘길 수 없는 정도일 때에만 예외적으로 계약 무효인 겁니다.

● 세 사람과 SM엔터테인먼트의 계약은?

동방신기 이야기로 돌아가 볼까요? 1980년대 중반 이후 연예 산업 규모가 확장됨에 따라 전문 매니지먼트 시스템을 갖춘 기획사들이 등장했습니다. 대표적인 곳이 SM엔터테인먼트입니다. 이전의 기획사는 단순히 연예인의 일정을 관리하고, 방송 및 광고 출연 계약을 대신 맺는 일 같은 단순 보조 업무만을 한 경우가 대부분이었죠.

하지만 SM엔터테인먼트는 달랐습니다. 장기적인 투자와 기획을 통해 유망주를 직접 발굴·육성하고, 적극적인 홍보와 관리를 하는 전문 매니지먼트 시스템을 국내에 선도적으로 도입했습니다. 한마디로 SM엔터테인먼트가 스타를 키우고 인기를 유지시킨 것이죠. 동방신기 역시 SM엔터테인먼트의 전문 매니지먼트 시스템을 통해 육성된 사례입니다.

인재를 발굴하고, 스타로 키워 내는 데에는 SM엔터테인먼트 특유의 기획력과 감각이 큰 역할을 했을 겁니다. 하지만 그것만으로는 충분하지 않습니다. 상당한 자금이 뒷받침

되어야 엔터테인먼트 사업을 할 수 있지요. 한 기사에 따르면 5인조 그룹을 기준으로 2년 연습생 과정부터 데뷔까지 많게는 10억 원, 평균 4~5억 원이 쓰인다고 하네요.

연예기획사는 봉사 단체나 팬 카페가 아니라 이익을 추구하는 기업입니다. 스타를 육성하고 관리하는 데 상당한 비용을 지출해야 하는 연예기획사는 그동안에 들어간 투자 비용도 거둬들이고 그 이상의 이익을 얻고 싶을 겁니다. 그걸 위해 연예기획사가 생각해 낸 방법은 소속 연예인과 **전속 계약**을 체결하는 것이었습니다. 전속 계약을 쉽게 표현하면 한 사람을 독차지하는 계약입니다. 소속 연예인이 버는 수입의 상당 부분은 연예기획사가 가져가죠. 이 계약을 체결한 연예인은 다른 연예기획사를 통해서 활동할 수 없습니다.

연예인 표준 계약서?

정부기관이 모범이 될 만한 내용으로 미리 만들어 놓은 계약서를 표준 계약서라고 합니다. 연예인에 대한 표준 계약서도 있지만 반드시 이대로 해야 하는 건 아니고, 다르게 계약해도 됩니다.

세 사람과 SM엔터테인먼트도 전속 계약을 맺었습니다. 스타를 키우는 데 상당한 비용이 투자되지만 성공 가능성은 높지 않은 엔터테인먼트 시장의 특성을 고려하면, 전속 계약 자체가 문제라고 보기는 어렵습니다. 사적자치의 원칙상 계약의 내용은 자유롭게 정할 수 있으니, 전속 계약도 원칙적으로 괜찮습니다.

세 사람과 SM엔터테인먼트는 계약을 체결했으니, 기본적으로 계약을 지켜야 합니다. SM엔터테인먼트는 바로 이 점을 주장했습니다.

"전속 계약을 체결했고, 아직 계약 기간이 남아 있으니 계약은 유효하다. 그러니 세 사람은 계약을 지켜야 한다."

반면 세 사람은 계약을 맺은 건 맞지만 그 계약이 지나치게 불공정해서 지킬 수 없다고 맞섰습니다.

● 법원의 판단은?

양측의 상반된 주장을 들은 법원은 세 사람의 손을 들어주었습니다. 크게 두 가지 이유가 있었죠.

첫째, 지나치게 긴 계약 기간입니다. 세 사람은 2000년에서 2003년 사이에 SM엔터테인먼트와 최초로 전속 계약을 체결했습니다. 이후 다섯 차례에 걸쳐 계약 내용 중 일부를 변경했는데, 당초 계약 기간은 10년이었으나 데뷔 직전에 기간을 변경하여 13년으로 연장되었습니다. 세 사람이 법원에 소송을 제기한 2009년 7월 무렵도 SM엔터테인먼트와 세 사람의 계약이 유지되고 있었죠.

법원은 이들의 계약 기간이 최소 13년인데, 이건 지나치게 길다고 보았습니다. 13년이 얼마나 긴 시간인지 감이 오나요? 한 아이가 태어나서 초등학교를 졸업할 만큼의 기간입니다. 특히 아이돌 스타가 높은 인기를 누리는 기간이 비교적 짧은 걸 고려하면 전성기의 대부분을 SM엔터테인먼트에만 있어야 하는데, 이건 너무 심하다는 겁니다.

둘째, 과도한 위약금입니다. 계약을 어기는 대가로 내는 돈을 위약금이라고 합니다. 달리 말해, 위약금을 내면 계약을 끝낼 수 있습니다. 그럼 세 사람도 위약금을 내고 전속 계약을 끝내면 되는 것 아니냐고요? 맞는 말일 수도 있습니다.

그런데 SM엔터테인먼트와의 전속 계약을 끝내는 대가로

세 사람이 내야 하는 돈은 얼마였을까요? 전속 계약에 따르면 '지금까지 세 사람에게 들어간 투자액의 3배+남은 계약 기간 동안 벌 수 있는 돈의 2배'만큼의 돈입니다. 어마어마하게 큰돈이죠. 이처럼 금액을 높게 정해 놓은 이유는 엄청난 위약금을 내걸어서 사실상 계약을 해지하지 못하게 원천봉쇄하기 위해서입니다. 이처럼 과도한 위약금을 내도록 한 건 불공정하다는 것이 법원의 판단입니다.

연습생은 간절하게 데뷔를 꿈꿉니다. 그런데 데뷔시킬지 말지를 결정하는 건 연예기획사입니다. 연습생 입장에서는 연예기획사가 아주 힘센 슈퍼 갑으로 느껴질 수밖에요. 그러니 연예기획사가 아무리 무리한 내용을 요구해도 거부하기 힘듭니다.

법원은 세 사람과 SM엔터테인먼트 사이의 전속 계약이 위와 같은 상황에서 체결되었다고 봤습니다. 즉, 이 전속 계약은 힘이 아주 센 SM엔터테인먼트와 약한 세 사람 사이에 맺어졌다는 것이죠. 또, 계약 기간이나 위약금을 봤을 때 그 내용이 힘센 SM엔터테인먼트에게 일방적으로 유리하고,

세 사람에게 지나치게 불리하다고 판단했습니다. 건전한 사회질서에 위반될 정도로 한쪽에게만 일방적으로 유리한 계약은 무효이므로, 세 사람은 전속 계약을 지킬 필요가 없습니다. 따라서 세 사람이 독자적인 연예계 활동을 하더라도 SM엔터테인먼트는 그걸 막을 수 없는 것이지요. 결국 동방신기는 소송을 제기한 세 명이 빠져나가, 멤버가 다섯 명에서 두 명이 되었습니다.

김변의
한방정리

개인과 개인 사이의 문제를 다루는 민법은 자유를 매우 존중합니다. 그래서 개인들이 알아서 계약을 체결하고 그 내용은 그대로 지키는 사적자치의 원칙을 채택하고 있습니다. 하지만 예외가 있습니다. 지나치게 불합리한 계약이라서 한쪽이 일방적으로 피해를 볼 가능성이 높으면 계약은 무효입니다. 즉, 계약을 지킬 필요가 없는 것이죠.

땅콩회항의 주인공이 풀려난 이유는 뭘까?

● 게이트로 되돌아온 대한항공 여객기

2014년 12월 5일, 미국 뉴욕의 JFK국제공항에서 대한항공 여객기 한 대가 인천공항으로 가기 위해 이륙을 준비하고 있었습니다. 평화롭게 출발 준비를 하던 항공기에서 문제가 생긴 건 1등석에 간단한 다과를 제공할 무렵이었습니다. 승무원이 1등석의 한 승객에게 견과류의 일종인 마카다미아를 쟁반에 받쳐 서비스했는데, 승객은 승무원이 마카다미아의 봉지를 개봉하지 않은 점을 지적했습니다. 이렇게 서비스하는 게 맞냐는 지적에, 승무원이 매뉴얼에 따라 서비스한 것이라고 대답하자 승객이 난동을 부리기 시작했습니다. 사무장이 나서서 사태를 진정시키려 했지만 잘 되지 않았죠.

승객은 매뉴얼 파일철로 사무장의 손등을 여러 차례 내려치고, 큰 소리로 "아까 서비스했던 그 ○ 나오라고 해!"라고 막말을 하며 고함을 질렀습니다. 승무원에게 삿대질을 하고 어깨를 밀치기도 했습니다. 하지만 승객은 기내 난동을 부리는 것만으로 화가 풀리지 않았나 봅니다. "이 비행기 당장 세워, 나 이 비행기 안 띄울 거야"라고 고함쳤고, 유도로로 진입하려던 항공기는 다시 게이트로 돌아왔습니다. 그리고 사무장은 항공기에서 내려야만 했죠.

이것이 그 유명한 '땅콩회항 사건'입니다. 난동을 부린 승객은 당시 대한항공 부사장이었던 조현아입니다. 마음에 들지 않는 승무원을 내리게 하려고 이륙 준비 중인 항공기를 돌려세우다니. 보통 사람의 상식으로는 상상하기도 힘든 일입니다. 그녀가 이토록 안하무인으로 행동할 수 있었던 것은 그녀의 아버지가 대한항공의 회장이었기 때문일까요.

이 사건이 세간에 알려지자 많은 사람들이 분노했습니다. 사법 당국도 그녀의 행동에 책임을 물었습니다. 검찰은 그녀를 수사했고, 법원은 증거 인멸 등의 우려가 있다는 이유로 그녀를 구속했습니다. 그 뒤 형사재판이 열렸고 1심 법원은 징역 1년의 실형을 선고하였습니다. 2심을 맡은 서울고등법원은 징역 10개월에 집행유예 2년을 선고하여 그녀는 구속된 지 약 5개월 만에 석방되었습니다. 3심 판결은 2심 판결과 같았죠.

조현아의 갑질에 분노를 느꼈던 대부분의 사람들은 석방 소식을 접하자 납득할 수 없다는 반응을 보였습니다. 법원이 돈 있고 힘 있는 재벌가의 자제를 봐줘 솜방망이 처벌을 했다는 비판의 목소리도 높았습니다. 법원이 그녀를 풀어준 이유는 무엇일까요? 법원이 그러한 판단을 한 이유를 알려면 우선 **죄형법정주의**를 살펴보아야 합니다.

● 죄형법정주의란 뭘까?

당연한 이야기이지만, 범죄를 저지르면 벌을 받아야 합니다. 그렇다면 범죄란 무엇일까요? 법학에서 말하는 범죄란, 법률에 '범죄'라고 정해 놓은 행동을 뜻합니다. "법률에서 범죄라고 정해 놓은 게 범죄"라니. 같은 말 반복하는 거 아니냐고요? 하지만 그럴 만한 이유가 있습니다.

범죄를 단순히 '다른 사람에게 피해를 주는 나쁜 행동'으로 정의하면 어떻게 될까요? 무엇이 나쁜 행동인지는 사람마다 생각이 다릅니다. 그러니 누구나 쉽게 알 수 있도록 법률에 그 행동들이 무엇인지 명확히 정해 놓고, 그것들만 범죄로 인정하는 게 보다 합리적입니다.

예를 들면 다른 사람의 물건을 훔치는 일이 범죄인 이유에 대한 법적인 설명은 "도덕적으로 나쁜 행동이기 때문이다"가 아니라 "형법 제329조에 타인의 재물을 절취한 자는 6년 이하의 징역 또는 1000만 원 이하의 벌금에 처한다고 정해져 있기 때문이다"가 되는 겁니다. 이처럼 어떤 행위가 범죄인지, 만약 범죄를 저지르면 어떤 처벌을 받는지 법률로 미리 정해 놓아야 한다는 원칙을 **죄형법정주의**라고 합니다.

죄형법정주의를 한 문장으로 "법률이 없으면 범죄도 없고 형벌도 없다"라고 표현하기도 하는데요. 상식적으로 생각하기에 아무리 나쁜 행동이라고 해도 그 행동을 범죄라고 법률에 명확하게 정해 두지 않았다면 처벌할 수 없다는 겁니다. 예를 들어, 거짓말하는 것을 도덕적인 관점에서 보면 올바르지 않은 행동이라고 볼 수 있겠죠. 하지만 일반적으로, 거짓말했다고 해서 처벌을 받지는 않습니다. 거짓말한 사람을 처벌하는 법률이 없기 때문입니다.

죄형법정주의는 무척 중요합니다. 국민에게 지대한 영향을 미치는 형사적인 처벌이 함부로 이루어져서는 안 되니까요. 민법이 개인들 사이의 돈 문제를 주로 다루는 데 반해, 형법은 범죄와 처벌을 다룹니다. 죄형법정주의는 근대 형법의 대원칙이라고 할 수 있을 정도로 중요한 원리입니다.

● 죄형법정주의 더 깊이 파헤치기

죄형법정주의에는 다섯 가지 세부 원칙이 있습니다. 하나씩 파헤치면서 죄형법정주의를 더 자세히 알아볼까요?

첫 번째 원칙은 **법률주의**입니다. 범죄와 형벌은 성문의 법률에 의해서만 규정되어야 한다는 뜻입니다. 방금 배운 죄형법정주의에 대한 정의와 같은 말 아니냐고요? 하지만 '법'과 '법률'의 차이를 이해하면 그렇지 않다는 것을 알 수 있습니다.

넓은 의미의 법은 헌법, 법률, 명령 또는 자치법규를 모두 포괄하는 개념입니다. 하지만 이것들이 모두 동등한 지위에 있는 것은 아닙니다. 법은 '헌법–법률–명령·자치법규'로 내려가는 위계가 있는 구조입니다. 헌법이 법률보다 상위법인 것이죠. 하위법은 상위법을 위반할 수 없습니다. 예컨대 헌법의 내용을 위반하는 법률은 효력이 없습니다. 또한 법은 그 종류에 따라 각기 그것을 만들 수 있는 주체가 다릅니다. '법률'은 입법부인 국회가 만듭니다. '명령'과 '자치법규'는 정부가 만듭니다. 정부는 중앙정부와 지방정부로 나눌 수 있는데, 중앙정부가 만드는 게 '명령'이고, 지방정부에서 만드는 게 '자치법규'입니다.

자, 그러니까 법률주의에서 말하는 '법률'은 국회에서 제정한 것이니, 법률보다 하위에 있는 명령이나 자치법규로는 범죄와 형벌을 규정할 수 없습니다.

좀 복잡하죠? 사실 이건 전문적인 영역이라 어려울 수밖에 없어요. 이해되지 않는다고 낙심할 필요는 없습니다. "법에도 여러 종류가 있는데, 범죄는 국회에서 만드는 법인 '법률'에 정해 놔야 하는구나" 정도로 생각하면 됩니다.

두 번째 원칙은 **소급효 금지의 원칙**입니다. 이는 범죄와 형벌은 어떠한 행동을 했을 당시의 법률에 의하여 정해야 한다는 의미입니다. 소급은 앞서 '친일파 후손의 재산을 환수하는 건 아무 문제도 없을까?' 장에서 설명했는데요. 다시 한번 떠올려 볼까요? 소급이란 과거까지 거슬러 올라가 영향을 미친다는 뜻입니다. 즉, 소급효 금지의 원칙은 말 그대로 형벌 규정을 소급적으로 적용하는 일을 금지하는 겁니다.

다른 사람의 얼굴을 동의 없이 함부로 촬영하면 벌금을 부과하는 가상의 법 '촬영 금지법'이 생긴다고 가정해 볼까요? '촬영 금지법'을 2019년 1월에 만들어서 2020년 1월부터 시행한다고 하면 큰 문제가 되지 않습니다. 앞으로 조심하면 되니까요. 그런데 이 법을 2018년 1월부터 적용해, 법이 만들어지기 전에 다른 이의 얼굴을 촬영한 사람까지 처벌한다면요? 이 경우가 바로 소급 적용입니다.

우리 법은 법적 안정성을 확보하기 위해 소급효를 금지합니다. 만약 소급효 금지의 원칙이 없고, 어떠한 행위가 일어난 다음에야 이 행위를 금지하는 형법 규정을 만들어 과거의 일을 처벌하면 어떻게 될까요? 이런 생각이 들지도 모릅니다. '지금은 문제가 되지 않지만 나중에 내가 예전에 했던 행동을 금지하는 법이 생겨서 처벌받으면 어떻게 하지?' 항상 이런 불안을 안고 살 수밖에 없겠죠.

죄형법정주의 세 번째 원칙은 **명확성의 원칙**입니다. 범죄가 되는 행위가 무엇인지, 그리고 위반했을 때 처벌이 어느 정도인지 가능한 한 분명히 규정되어야 한다는 뜻입니다.

법은 일어날 수 있는 여러 가지 상황을 모두 포괄하는 규범이라서, 그걸 표현하는 법조문은 다소 추상적으로 표현될 수밖에 없는 속성이 있습니다. 하지만 법 규정의 내용이 지나치게 모호하면 국민의 입장에서는 자신의 행위가 죄에 해당하는지 알 수 없겠지요. 게다가 법을 적용하는 검찰 또는 법관이 그 행위들을 마음대로 판단해 처벌 여부를 결정할 위험도 있고요. 그러니 가능하면 범죄와 그에 따른 처벌을 명확하게 표현해야 합니다.

그렇다면 어느 정도로 명확해야 할까요? 헌법재판소는 '보통의 판단 능력을 가진 사람이 그 의미를 이해할 수 있는 정도'여야 한다고 말합니다. 그런데 이 표현도 뭔가 좀 애매하죠? 결국 법률이 명확하게 규정되어 있는지를 판단하는 것은 법관의 몫입니다.

네 번째 원칙은 **유추해석 금지의 원칙**입니다. 간단히 말하면 비슷한 것을 빌려와 해석하지 말라는 것입니다. 유추해석은 법률에 직접적인 규정이 없는 경우, 이와 유사한 법률 규정을 적용하는 것을 뜻합니다. 예를 들어 볼까요. 어느 카페의 출입구에 "반려견 출입 불가"라고 적힌 안내문이 있습니다. 손님이 고양이를 데리고 들어오자 카페 주인이 안내문을 보지 못했냐고 타박합니다. 손님은 안내문에 고양이는 적혀 있지 않다고 반박합니다. 그러자 카페 주인이 말하죠.

"고양이도 개와 마찬가지로 동물이니까 데려오면 안 됩니다."

이때 고양이를 개와 동일하게 대하는 카페 주인의 해석 방법이 바로 유추해석입니다. 참고로 유추해석은 해석의 범위를 넓힌다는 뜻에서 '확장해석'이라고 부르기도 합니다.

마지막 원칙은 **적정성의 원칙**입니다. 형벌의 내용이 적정해야 한다는 것으로, 범죄의 정도에 알맞은 처벌이 이뤄져야 한다는 의미입니다. '견문발검'이라는 사자성어를 들어본 적 있나요? 모기를 보고 칼을 빼 든다는 뜻인데, 사소한 일에 지나친 대응을 하는 건 어리석다는 의미입니다. 만약 극심한 가난으로 배고픔을 못 이겨 난생처음 빵 하나를 훔쳤다고 해 봅시다. 다른 사람의 물건을 훔치는 건 분명한 범죄이지요. 하지만 이 사건 하나로 교도소에 1년 이상 갇혀야 한다면 지나치게 가혹한 처벌이겠죠? 이 경우는 적정성의 원칙에 위반된다고 볼 수 있습니다.

● 조현아는 항로를 변경한 것일까?

　죄형법정주의의 의미를 되새기면서 땅콩회항 사건을 다시 살펴보겠습니다.

　검사가 조현아에게 적용한 죄명은 항공보안법 위반죄, 강요죄, 업무방해죄, 위계공무집행방해죄 등이 있는데, 그중에서 특히 항공보안법을 어겼는지가 핵심이었습니다. 항공보안법 규정을 볼까요?

항공보안법 제42조(항공기 항로 변경죄)

위계 또는 위력으로써 운항 중인 항공기의 항로를 변경하게 하여 정상 운항을 방해한 사람은 1년 이상 10년 이하의 징역에 처한다.

여기에서 눈여겨볼 대목은 "항로를 변경하게 하여"라는 부분입니다. 검사와 조현아 측 변호사는 조현아가 항공기를 회항시킨 행위가 항공보안법에 규정된 '항로'를 변경한 행위인지를 두고 치열하게 논쟁을 벌였습니다. 그런데 항로란 무엇일까요?

항공기가 하늘을 비행할 때 이용하는 하늘길, 즉 공로(空路)가 항로라는 것은 분명합니다. 만약 제주에서 김포로 가는 비행기가 제주도를 떠나 한창 하늘에 떠 있는데, 누군가 비행기의 운행 방향을 억지로 바꿔서 부산으로 향하게 만들면 이건 당연히 항로 변경죄입니다.

그런데 조현아는 하늘을 날고 있는 비행기가 아니라 지상에서 이동 중인 비행기의 운행 방향을 바꿨습니다. 그래서 애매한 상황이 발생한 겁니다. 항공기가 이륙하기 전의 땅의 길, 즉 지상로(地上路)도 항로라고 볼 수 있을까요? 만약 지상로도 항로라면 조현아는 항로를 변경한 게 맞으니 항로 변경죄를 저지른 셈이 되어 징역 1년 이상의 처벌을 받아야 합니다. 반대로 지상로가 항로가 아니라면 항로 변경죄가 아니니 처벌받을 필요가 없습니다.

항공보안법에 항로가 무엇인지 정확하게 정해져 있으면 논란의 여지가 적었을 텐데, 안타깝게도 항공보안법에는 항로가 무엇인지 정확하게 정의한 규정이 없습니다. 이럴 때에는 법관이 합리적으로 해석하여 그 의미를 밝혀야 합니다.

땅콩회항 사건에서 1심 법원은 지상로가 항로에 포함된다고 봐서 조현아에게 유죄를 선고했습니다. 하지만 2심 법원의 판단은 달랐습니다. 지상로는 항로에 포함되지 않으니 지상로에 있던 항공기를 돌아오게 한 건 '항로를 변경시킨 행위'가 아니라고 본 겁니다. 무죄 판결을 한 것이죠. 3심을 맡은 대법원은 2심 법원과 생각이 같았습니다. 대법원도 지상로는 항로가 아니라고 판단했습니다.

모든 재판이 3심까지 가나요?
삼세판이라는 말이 있지만 모든 재판이 3심까지 가는 건 아닙니다. 1심 판결 결과를 그대로 받아들이면 1심에서 재판이 끝날 수도 있습니다. 그건 2심 판결에서도 마찬가지입니다.

항로가 뭔지 알기 위해 대법원은 먼저 국어사전을 살펴보았습니다. 국립국어원의 표준국어대사전에는 '항로'가 '항공기가 통행하는 공로(空路)'로 정의되어 있는데, 사전에서 쓰인 공(空)은 하늘, 즉 공중을 뜻합니다. 일반적인 의미로는 '항로=공로=하늘길'이라고 해석한다는 겁니다. 항공보안법 이외의 다른 법령도 찾아봤습니다. 항공법 및 항공안전법에 항로에 관한 여러 규정이 있는데, 그때 사용되는 항로는 지상로가 아닌 하늘길을 의미하는 경우가 더 많았습니다. 사전적 의미나 다른 법률의 규정을 볼 때 항로는 하늘길(공로, 항공로)을 의미하는 것이지, 지상로까지 포함하지는 않는다는 게 대법원의 판단입니다. 그러니까 지상로도 항로라고 해석하는 것은 우리가 앞서 알아본 유추해석이 되는 셈이죠. 위에서 살펴보았다시피 죄형법정주의는 유추해석을 금지합니다.

물론 법원이 조현아를 봐주려고 지나치게 형식적인 논리에 치우친 나머지 불합리한 결론을 내렸다고 반박할 여지도 있습니다. 하지만 죄형법정주의가 유추해석을 금지하는 이유는, 이를 허용할 경우 생기는 문제가 너무나 크기 때문입니다. 유추해석을 함부로 하면, 범죄의 범위가 마구 넓어져 형법에서 범죄로 규정하지 않은 행동을 해도 처벌받을지 모릅니다. 폭행죄를 예로 들어 보죠.

사람의 신체에 폭행을 가하면 폭행죄로 처벌됩니다(형법 제260조 제1항). 옆집에 사는 친구인 철수를 때리면 폭행죄를 저지른 것이 분명합니다. 그런데 철수가 아끼는 게임 캐릭터 피규어인 찰스를 주먹으로 치면 어떨까요? 당연히 찰스는 사람이 아니므로 폭행죄는 아닙니다. 그런데 찰스가 사람과 비슷하게 생겼고, 철수가 찰스를 단순한 피규어가 아니라 살아 있는 친구 이상으로 소중하게 여긴다는 이유로 찰스를 사람으로 유추해석한다면요? 그렇다면 피규어를 주먹으로 쳤다고 폭행죄로 처벌받을 수도 있는 겁니다. 다른 이가 아끼는 피규어를 때리는 건 옳지 않지만, 그렇다고 범죄가 아닌 행동을 함부로 처벌하는 일이 생겨서는 안 됩니다. 유추해석을 하면 안 되는 이유를 이제 아시겠지요?

김변의 한방정리

땅콩회항의 주인공을 두둔할 생각은 전혀 없습니다. 재벌의 자식이라는 이유 하나만으로 안하무인으로 행동한 것을 보면 분노를 느낄 수밖에요. 하지만 죄형법정주의의 의미와 중요성을 생각하면 항로 변경에 대해 무죄를 선고한 판결을 어느 정도는 이해할 수 있습니다. 법이 완전하지 않아서 처벌의 공백이 일부 생기는 부당한 상황이 발생하더라도, 죄형법정주의는 반드시 지켜져야 합니다. 처벌 법규도 없이 마음대로 형벌을 줄 수 있게 된다면, 국가는 함부로 공권력을 행사할 수 있고, 결국 그로 인한 막대한 피해는 국민에게 돌아가니까요.

3
법,
조금 더
친해지기

강자의 횡포를
왜 '갑질'이라고 부를까?

'갑질'이라는 말, 들어 보셨죠? 우리 사회의 문제를 표현하는 주요한 단어 중 하나가 바로 갑질입니다. 조현아 전 대한항공 부사장이 마카다미아 제공 방식을 트집 잡아 비행기를 돌려세운 땅콩회항 사건에서도 갑질이라는 단어가 어김없이 등장했습니다.

안타깝게도 한국 사회에서 갑질은 어렵지 않게 발견할 수 있습니다. 오죽하면 해외 언론도 갑질이라는 단어를 쓸까요? 미국의 유명 언론인 「뉴욕타임스」는 갑질을 소리나는 그대로 'gapjil'로 표기하면서, "봉건 영주처럼 행동하는 기업 임원이 부하나 하청업자를 학대하는 행위"라고 풀이하기까지 했습니다.

갑질은 권력상 우위에 있는 강자가 약자에게 하는 부당한 행동을 의미합니다. 그런데 이러한 행동을 왜 '갑질'이라고 부르게 된 걸까요? 갑질의 어원은 법률 행위인 계약 체결 과정에서 사용하는 십간 체계에서 유래했습니다.

십간(十干)이란 과거에 날짜나 달, 연도를 셀 때 사용했던 단어들로, 순서를 나타내는 기능을 합니다. '갑, 을, 병, 정, 무, 기, 경, 신, 임, 계'순이죠. 숫자 1, 2, 3… 또는 가, 나, 다… 와 비슷한 겁니다. 그럼 갑이 을보다 앞에 있으니 우월한 게 맞지 않냐고요? 그건 아닙니다. '가'는 '나'보다 순서상 앞에 있지만 그렇다고 '가'가 '나'보다 우월한 건 아닙니다. 1이 2보다 더 강하지 않은 것도 같은 원리죠. '갑'과 '을'의 관계도 마찬가지입니다.

하지만 언젠부터인가 '갑'은 더 강한 힘을 가진 사람을, 반대로 '을'은 힘이 약한 사람을 가리키게 되었죠. 이건 법률적인 내용을 정하는 계약서 때문입니다.

'뜨거운돌'이라는 회사가 '튼튼'이라는 회사에 건축 공사를 맡기는 상황을 생각해 볼까요? 두 회사는 건축 공사에 대한 계약서를 작성할 텐데, 일반적인 건축 공사 계약서는 다음과 같습니다.

건축 공사 표준 계약서

제1조(총칙) 주식회사 뜨거운돌(이하 '갑'이라 한다)과 주식회사 튼튼(이하 '을'이라 한다)은 대등한 입장에서 서로 협력하여 신의에 따라 성실히 계약을 이행한다.

제2조(계약보증) ① '갑'과 '을'은 계약상의 의무이행을 보증하기 위해 계약보증금을 계약체결 전까지 상호교부하도록 하되, 계약보증금액이 계약금액에서 차지하는 비율은 갑·을 상호간에 협의하여 정한다.

② 제1항의 계약보증금은 당사자의 협의에 따라 보증기관이 발행한 보증서로 할 수 있다.

제3조(보증인) 이 계약에 관하여 보증인을 세우는 경우에 그 보증인은 당사자의 계약불이행으로 인한 손해에 대하여 당사자와 연대하여 책임을 진다.

위의 계약서를 보면 '주식회사 뜨거운돌'을 '갑'이라 부르고, '주식회사 튼튼'을 '을'이라고 하고 있죠? 이렇게 부르는 이유는 매번 '주식회사 뜨거운돌' '주식회사 튼튼'이라고 쓰는 게 번거롭기 때문입니다. 무엇이든 간단하게 줄여서 부르면 편합니다. '안 물어봤음, 안

궁금함'을 '안물안궁'으로, '비밀번호'를 '비번'으로 줄여 말하듯이요. 그러니까 원래는 긴 말을 줄이는 동시에 순서를 나타내기 위하여 '갑'과 '을'이라는 단어가 사용된 것입니다.

그런데 왠지 뒤보다는 앞에 나오는 게 더 좋아 보여서였을까요. 계약에서 좀 더 우월한 지위에 있는 사람들이 먼저 언급되는 자신을 지칭하는 말로 '갑'을 선택하다 보니 '갑'과 '을' 사이에 서열이 생기게 된 것입니다. 예를 들어, 건축 공사에서는 공사를 의뢰하고 돈을 지급하는 '주식회사 뜨거운돌'이 '갑'이 되는 겁니다. 대체로 돈을 주는 고객 쪽이 '갑'의 위치에 있는 경우가 많지만, 항상 그런 건 아닙니다.

이렇게 '갑'과 '을'이 힘센 쪽과 약한 쪽을 지칭하는 말로 변질되다 보니, 요즘에는 계약서에 '갑'과 '을' 대신에 동등한 지위를 나타내는 다른 단어를 사용하자는 움직임도 있습니다. 물론 계약서에서 '갑'과 '을'을 없애는 것도 의미 있지만, 더 중요한 건 실제 생활에서 '갑'이 '을'을 괴롭히는 갑질을 없애는 일이겠죠.

#법대로_하자는_말 #소송은_어떻게_
진행될까 #법조인이_하는_일 #형사
재판 #민사재판 #헌법재판소

제 2 장

법은
실제로 어떻게
작동하나요?

법을
마주하기
전에

    좋아하는 사람의 마음을 얻으려면 어떻게 해야 할까요? 상대가 먼저 내 마음을 알아차려 준다면 더할 나위 없이 좋겠지만, 그렇지 못한 경우도 많습니다. 그럴 때는 내 마음을 잘 표현해야 되겠죠? 고백을 할 때 가장 중요한 건 상대방을 향한 진실한 마음이겠지만, 그 마음을 전달하는 방법도 중요합니다. 밤늦은 시간에 다짜고짜 상대의 집 앞에 가서 "너를 사랑해!"라고 고함을 지르는 것보다는 적절한 때와 장소를 골라서 그 사람이 좋아하는 방식으로 마음을 전하는 게 더 효과적이듯이 말이지요.

    법에서도 절차가 중요합니다. "법대로 하자"는 말을 많이 들어 봤죠? 이 말은 주로 상대방과 문제가 생겼을 때, 협의에 실패한 상황에서 터져 나오곤 합니다. 우리끼리 이야기해 봤자 안 되니 법에 정해진 대로 문제를 해결하자는 의미도 있지만, 법적인 절차를 지키자는 뜻도 있지요. 절차를 지키는 건 모든 사람에게 공평한 기회를 제공하고 공정한 결과를 이끌어 내기 위해서입니다. 야구에서 9회까지 총 9번의 공격할 기회를 갖고, 1회당 세 번의 아웃을 당하면 공격 기회가 상대에게 넘어가는 규칙이 어느 팀에든 동일하게 적용되는 것도 같은 이유죠.

법적인 절차는 대체로 소송이라는 과정을 통해서 진행되는데, 사건의 종류에 따라 그 과정이 좀 다릅니다. 이번 장에서는 헌법소송, 민사소송, 형사소송의 대표적인 사건을 따라가면서, 법이 실제로 어떻게 작동하는지 살펴보겠습니다. 그 과정에서 법조인들이 어떤 일을 하는지도 알게 될 거예요.

\# 강원랜드는 카지노 이용자에게 손해배상을 해야 할까?

● 인생은 한 방?

나한탕 씨(가명)의 좌우명은 "인생은 한 방이다"입니다. 그의 취미는 도박인데, 그중에서도 가장 좋아하는 건 카지노의 카드 게임입니다.

도박은 '돈 놓고 돈 먹는 게임'입니다. 보통 사람은 열심히 일을 해서 돈을 벌지만, 도박꾼들은 특별히 일을 하지 않고 게임을 해서 돈을 벌죠. 일하지 않고 돈을 번다니 솔깃하게 들릴 수도 있지만, 도박은 엄연히 법에서 금지하는 범죄입니다. 사람들이 모두 도박에 빠져서 아무도 일을 안 하면 사회를 지탱할 힘이 없어질 겁니다.

도박은 원칙적으로 위법한 일이어서 하다가 적발되면 처벌을 받지만, 법에서는 두 가지 예외를 두었습니다. 어떤 예외일까요? 명절에 어른들이 재미 삼아 치는 고스톱도 엄밀하게 따지면 도박의 일종입니다. 하지만 판돈이 아주 크지 않으면 그 정도는 괜찮다고 봅니다. 또한 법에서 해도 된다고 정해 놓은 몇몇 게임들도 예외입니다. 예를 들어 경마, 경륜, 복권, 카지노는 합법입니다.

카지노는 원래 그 자체가 불법이었습니다. 하지만 해외의 관광객을 유치하기 위해서 외국인에게만 카지노를 허용했습니다. 그러다 2000년대 초반, 우리나라 사람도 출입 가능한 카지노를 만들었습니다. 그곳이 바로 강원도 정선에 있는 강원랜드입니다.

나한탕 씨의 활동 무대도 강원랜드였죠. 그는 도박에 빠져 하루가 멀다 하고 카지노에 들락거렸습니다. 약 3년 동안 그가 도박으로 날린 돈이 무려 231억 원입니다. 실로 엄청난 액수가 아닐 수 없죠. 한창 도박에 빠져 있을 때는 제정신이 아니어서 돈 아까운 줄 모르고 펑펑 써댔지만, 정신을 차리고 보니 그동안 날린 돈이 너무 아까웠습니다.

나한탕 씨는 강원랜드를 운영하는 회사(회사의 공식명칭은 '주식회사 강원랜드'이지만 편의상 '강원랜드'라고 하겠습니다)에 도박으로 날린 돈을 돌려 달라고 요구했습니다. 하지만 강원랜드는 거부했죠. 결국 이들은 '법대로 해결'하기로 했습니다. 어떻게 되었을까요?

● 알고 나면 법에 눈이 뜨이는 기본 개념들

두 사람 사이에서 합의가 원만하게 되면 굳이 법원에 갈 필요가 없지만, 서로 생각하는 게 다르고 각자의 주장만 반복하면 문제가 해결되지 않습니다. 그때에는 법원의 도움을 받을 수밖에 없습니다. 법원의 판사가 개입하여 두 사람 중에서 누구 말이 맞는지를 가려 주는 절차인 **재판**이 필요한 순간이죠.

먼저 용어와 개념을 좀 정리해 보려고 해요. 법률 용어가 계속 나와 머리가 아팠을 겁니다. 이런 말들이 일상에서는 잘 쓰이지 않아 어렵게 느껴질 수도 있지만, 알아 두면 의외로 편리할 때가 많습니다. 시작해 볼까요?

재판과 비슷한 뜻의 단어로 소송이 있습니다. 소송은 법적인 분쟁을 해결하기 위한 전반적인 절차를 의미합니다. 재판은 소송을 통해 얻은 법원의 결론을 뜻하므

> **분쟁이 일어났을 때 소송 말고 다른 법적인 방법은 없나요?**
> 소송이 유일한 해결책은 아닙니다. 소송 이외의 방법 중 대표적인 제도로는 '조정'이 있습니다. 조정은 법원의 주관 아래 양 당사자가 모여서 서로 조금씩 양보하여 합의점을 찾는 일입니다.

로, 엄격하게 구분하자면 두 용어에는 약간의 차이가 있지요. 하지만 특별하게 구분하지 않고 섞어서 쓰는 경우도 많고, 재판과 소송은 모두 법원의 주도하에 법적인 다툼을 해결하는 과정이라는 공통점이 있으니 비슷한 개념으로 생각해도 됩니다.

소송은 어떤 사건인지에 따라 형태가 다양합니다. 대표적으로는 민사소송, 형사소송, 가사소송, 헌법소송 등이 있습

니다. **민사소송**은 개인들 사이에 일어난 다양한 법률 문제를 다루는데, 대개 받아야 할 돈을 받지 못했을 때 제기하는 소송입니다. 우리가 드라마나 영화에서 접하는 것은 주로 형사소송이지만, 실제로는 민사소송이 훨씬 많답니다.

민사소송에는 두 명의 주인공이 있습니다. 소송을 제기한 사람과 소송을 당한 사람이죠. 소송을 제기한 사람을 **원고**라 부르고, 소송당한 사람을 **피고**라 부릅니다. 예를 들어 하하가 재석에게 돈 100만 원을 빌려줬는데 재석이 갚지 않아서 하하가 민사소송을 제기했다면 누가 원고이며 누가 피고일까요? 하하가 원고, 재석이 피고입니다. 자, 지금부터는 본격적으로 나한탕 씨 사건을 통해 민사소송이 어떻게 진행되는지 알아보겠습니다.

● 원고와 피고의 첫 대면: 소장과 답변서

민사소송을 제기할 때 제일 먼저 해야 할 일은 **소장**을 작성하는 일입니다. 소장이라는 말을 들으면 파출소장이나 연구소장 같은 단어가 떠오르시나요? 여기서 말하는 소장은 이와 전혀 다른 말입니다. 여기서의 소장은 원고가 피고에게 뭘 요구하는지, 왜 그런 걸 요구하는지를 잘 정리해서 법원에 제출하는 서류입니다. 소장은 법원에 가서 직접 낼 수도 있지만, 우편으로 제출하는 것도 가능합니다.

법원이나 우체국에 갈 시간이 없는 사람은 어떡하면 좋냐고요? 다 방법이 있습니다. 우리나라는 IT 강국답게 전자소송 제도를 운영하고 있습니다. 대법원이 운영하는 전자소송 홈페이지에서 소장을 작성하고 제출할 수 있어요. 물론 전자소송으로 진행하는 경우에도 재판을 하는 날에는 직접 법원에 나가야 합니다.

> **모든 소송을 전자소송으로 할 수 있나요?**
> 그렇지 않습니다. 소송에서 가장 큰 비중을 차지하는 민사소송에는 2011년부터 전자소송이 도입되었지만 형사소송에는 아직 도입되지 않았습니다.

나한탕 씨의 사례로 돌아가 볼까요? 나한탕 씨는 소장을 통해 피고 강원랜드에게 자신이 도박으로 잃은 돈을 돌려달라고 요구했는데, 그 근거는 크게 두 가지입니다.

첫째, 강원랜드가 판돈 제한 규정을 위반했다는 겁니다. 카지노에서 도박을 할 때 한 판당 걸 수 있는 판돈에는 일정한 제한이 있습니다. 나한탕 씨처럼 카지노에 자주 오는 단골손님의 경우에는 한 판당 최고 1000만 원이었습니다. 보통 사람으로서는 1000만 원이라는 거액을 도박 한 판에 쓴다는 것 자체가 이해가 안 되지만, 나한탕 씨는 한발 더 나갔습니다. 다른 사람들을 동원해 자신과 똑같이 베팅을 하게 해서 한 판 당 6000만 원까지 판돈을 높여 걸었던 겁니다. 나한탕 씨는 "강원랜드는 내가 판돈 상한 규정을 어기면서 도박을 하고 있다는 걸 알았지만, 날 제지하지 않고 가만히 두어서 내 손해가 커졌다"라고 주장했습니다.

둘째, 나한탕 씨는 강원랜드가 출입 제한 규정을 어겼다는 주장도 했습니다. 도박에 중독되면 전 재산을 날리고 몸과 마음이 다 망가지는 폐인이 될 가능성이 높습니다. 그래서 관광진흥법에는 이러한 일을 막기 위한 내용이 있습니다. 가족이 카지노 출입을 막아 달라고 요청하면 그 사람은 카지노에 출입할 수 없는 것이죠. 실제로 나한탕 씨의 아들

은 '우리 아버지가 도박에 빠져 있으니 들여보내지 마세요'
라는 취지의 요청서를 강원랜드에 보냈습니다. 하지만 강원
랜드는 계속 나한탕 씨를 카지노에 입장시켰죠.

나한탕 씨의 주장을 요약하면 이렇습니다. '아무리 강원
랜드가 돈을 벌기 위해서 카지노를 운영하는 회사라 해도
법에 어긋난 행동을 해서는 안 된다. 강원랜드는 손님이 판
돈 제한 규정을 어기고 허용된 금액보다 많은 금액을 거는
데도 제지하지 않았다. 게다가 아들의 출입 제한 요청도 받
아들이지 않아 손해가 생겼으니 돈을 돌려 달라.'

원고가 소장을 법원에 제출하면 법원은 소장을 피고에게
보냅니다. '원고가 이런저런 주장을 하면서 돈을 달라고 하
는데, 피고는 어떻게 생각하느냐?'고 물어보는 것이죠. 원고
의 말이 맞다고 생각하면 굳이 대꾸를 하지 않아도 되지만,
원고와 생각이 다르다면 피고는 왜 그렇게 생각하는지를 정
리한 서류를 법원에 냅니다. 이때 피고가 제출하는 서류를
답변서라고 부릅니다. 원고가 제출한 소장을 피고에게 전달
하는 것처럼 피고가 제출한 답변서는 원고에게 전달합니다.

그래야 상대가 어떤 주장을 하고 있는지 알 수 있으니까요.

나한탕 씨의 소장을 받아 본 강원랜드는 답변서를 제출하면서 나한탕 씨의 요구를 반박하였습니다. 카지노에서 도박을 할지 말지, 도박에 판돈을 얼마나 걸지는 강원랜드가 아니라 나한탕 씨가 직접 결정한 것이니, 그 결과도 직접 책임져야 한다고 반박한 겁니다. 쉽게 이야기하면 '도박을 하면 돈을 딸 수도 있고 잃을 수도 있는데, 돈을 좀 잃었다고 돈을 돌려 달라는 게 말이 되느냐?'라는 게 강원랜드의 입장입니다.

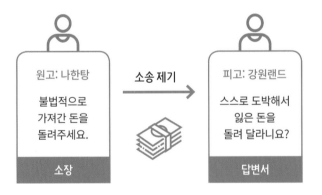

● 본격적인 법적 다툼의 시작 : 재판

소장과 답변서를 내고 나면 대략적인 쟁점과 서로의 입장을 확인할 수 있습니다. 그러면 법원은 재판 날짜를 정해서 원고와 피고를 법원으로 부릅니다. 서로의 주장을 다시 한 번 정리하고 앞으로 어떻게 소송을 진행할지 논의하기 위해서죠.

이때부터 진실 게임이 벌어집니다. 대체로 원고와 피고가 전혀 다른 말을 하기 때문에 누구 말이 맞는지를 가리는 과정을 거치는 것이죠. 증인을 불러서 실제로 어떤 일이 일어났는지 묻기도 하고, 다른 관공서에서 자료를 받아 살펴보기도 합니다. 소송이 진행되는 중간중간에 원고와 피고는 자신의 주장을 정리한 서류를 낼 수도 있는데, 이때 내는 서류를 **준비서면**이라고 부릅니다.

소송에 잘 대응하려면 재판 절차를 잘 알아야 하고 법적인

> **증인이 되면?**
> 거짓말을 하면 안 됩니다. 일반적으로는 거짓말을 해도 처벌되지 않지만, 증인으로 나와서 증인 선서를 한 뒤 거짓말을 하면 위증죄로 처벌받습니다.

지식도 필요합니다. 보통 사람들은 법을 잘 모르니, 전문가인 변호사의 도움을 받아 민사소송을 진행하는 경우가 많습니다. 하지만 변호사의 도움을 받으려면 적지 않은 돈을 내야 하니, 경제적으로 부담이 된다면 변호사 없이 민사소송을 할 수도 있습니다.

드라마나 영화를 보면 변호사가 법정에 서서 화려한 언변으로 자신의 주장을 펼치며 좌중을 압도하는 장면을 쉽게 접할 수 있습니다. 그래서인지 '변호사=말 잘하는 사람'이라고 생각하는 분들도 많습니다.

하지만 실제의 모습은 드라마나 영화와 조금 다릅니다. 물론 법정에 나가서 말로 설명을 하는 경우도 있지만, 소송에서는 말보다 글이 더 큰 역할을 합니다. 원고와 피고는 소장, 답변서, 준비서면에 자신의 주장을 상세하게 적어서 내기 때문이죠. 그리고 법정에서 변호사들이 말을 길게 하면 재판을 하는 데 시간이 오래 걸려서, 이를 별로 좋아하지 않는 판사들도 간혹 있습니다. 물론 변호사들 중에는 말을 잘

하는 사람이 많습니다. 이 일을 하다 보면 조리 있게 말하는 능력이 필요할 때가 적지 않죠. 하지만 말하는 능력 못지않게 글솜씨도 중요합니다. 그러니 변호사가 되기를 꿈꾸는 분이라면 논리적인 글을 쓰는 연습을 많이 해 두는 게 좋습니다.

● 법적 다툼의 결론 : 판결 선고와 그 이후

변호사들이 하고 싶은 이야기를 주로 서면을 통해서 하듯, 판사도 하려는 말을 문서로 작성합니다. 소송에서 원고와 피고 양쪽의 주장과 증거를 신중하게 살펴본 판사는 누구의 주장이 타당한지를 가려 결론을 내립니다. 판사가 내리는 법적인 결론을 **판결**이라고 부르는데, 판사는 그러한 판결을 내린 이유를 판결문에 자세하게 씁니다.

> **판결문? 판결서?**
> 민사소송법 등에 나와 있는 공식 명칭은 '판결서'이지만 일상적으로 판결문이라는 용어가 더 많이 쓰여 판결문이라고 표현했습니다.

그런데 민사소송에서 재판에 참여하는 판사는 몇 명일까요? 정답은 1명! 그리고 3명도 정답입니다. 답이 왜 두 개냐고요? 사건에 따라 재판에 참여하는 판사의 수가 달라지기 때문입니다. 판사 혼자서 재판을 할 때, 우리는 그 판사를 **단독판사**라 부릅니다. 비교적 간단한 사건은 단독판사가 재판을 책임집니다. 그에 반해 조금 더 복잡한 사건은 판사 3명이 함께 재판에 참여합니다. 이들 판사 3명을 일컬어 **합의부**라고 합니다.

이렇게 여러 명의 판사가 재판을 하는 이유는 무엇일까요? 복잡한 사건을 처리할 때 조금 더 신중하게 재판해서 올바른 결론을 이끌어 내기 위해서입니다. 백지장도 맞들면 낫다는 속담이 있잖아요. 여러 사람이 함께 일을 하면 서로의 부족한 점을 채워 줄 수 있습니다.

그런데 소송이 간단한지 복잡한지는 어떻게 판단할까요? 그건 원고가 청구하는 금액으로 정합니다. 금액이 높아지면 그만큼 사건이 복잡하다고 보는 것이죠. 원고가 피고에게 요구하는 금액이 2억 원 이하면 단독판사가 재판하고, 2억 원을 초과하면 합의부가 재판합니다.

나한탕 씨 사건에서 나한탕 씨가 강원랜드에 청구한 금액은 무려 293억 원입니다. 잃은 돈의 액수가 큰 만큼 청구 금액도 엄청났습니다. 청구한 금액이 2억 원이 넘기 때문에 세 명의 판사가 있는 합의부에서 판결을 내렸죠. 결과는 어땠을까요?

법원(서울중앙지방법원)은 "강원랜드는 나한탕에게 약 28억 원을 지급해야 한다"고 판결했습니다. 강원랜드가 판돈 제한 규정과 출입 제한 규정을 어기는 잘못을 했다고 본 겁니다. 나한탕 씨가 요구한 금액보다는 적지만 일반적으로 보면 매우 큰돈입니다. 강원랜드는 법원의 판결에 쉽게 수긍할 수 없었습니다. 만약 이렇게 불만이 있더라도 법원에서 이미 판결을 내렸으니 무조건 따라야 할까요?

그렇지 않습니다. 재판은 한 번에 끝나지 않기 때문이죠. 흔히 가위바위보를 할 때도 삼세판으로 승부를 가리지요? 재판도 마찬가지입니다. 재판도 원칙적으로는 세 번 받을 수 있는데, 첫 번째 재판을 1심 재판, 두 번째 재판을 2심 재판, 세 번째 재판을 3심 재판이라고 합니다. 이처럼 한 사건에 대해 재판을 세 번 받을 수 있는 제도를 **삼심제**라고 합니다. 이 제도를 채택하는 이유는 무엇일까요? 사람은 누구나 실수를 합니다. 법원에는 똑똑한 판사들이 많지만 세상에 완벽한 사람은 없습니다. 그들도 잘못된 판단을 할 가능성이 있지요. 그런데 잘못된 판결이 나와도 그대로 따라야 한다면 억울하겠죠? 그래서 총 세 번의 재판을 해서 최대한 올바른 판결을 받을 수 있는 기회를 주는 것입니다.

1심 재판 결과를 받아들일 수 없어 2심 재판을 청구하는 걸 **항소**라고 부릅니다. 강원랜드는 항소를 했고 2심 소송이 열렸는데, 2심을 맡은 법원(서울고등법원)도 나한탕 씨의 손을 들어 주었습니다. 강원랜드가 나한탕 씨에게 **손해배상**을 해야 한다고 판결한 것이죠.

> **손해배상**
> 법률에 따라, 남에게 끼친 손해를 물어 주는 일을 말합니다.

강원랜드는 2심 법원의 판결도 받아들이지 않았습니다. 그래서 마지막 카드를 사용하기로 했죠. 3심 재판을 청구하는 **상고**를 한 겁니다. 3심 재판을 맡은 법원은 대법원인데, 대법원에서 반전이 일어났습니다. 1심 및 2심과 달리, 강원랜드가 소송에서 이긴 겁니다.

사람마다 생김새가 다르듯 그 생각도 다양합니다. 같은 사건에 대해서 판사들도 각기 다른 결론을 내릴 때가 있습니다. 나한탕 씨의 사건을 담당한 대법원의 대법관들도 의견이 갈렸죠. 강원랜드가 법을 어겨서 영업을 했고, 그 과정에서 나한탕 씨가 손해를 입었으니 강원랜드가 나한탕 씨에게 배상을 해야 한다고 생각한 대법관도 있었습니다. 하지만 소수 의견에 불과했어요. 다수결의 원칙은 대법원에도 적용됩니다. 다수의 대법관들이 낸 의견이 대법원의 입장이 되지요. 다수의 대법관들은 강원랜드의 손을 들어 주었고, 대법원의 공식입장은 "강원랜드는 나한탕 씨에게 손해를 배상할 필요가 없다"가 된 겁니다.

대법원이 강원랜드의 손을 들어 주면서 제시한 근거는 **자기책임의 원칙**입니다. 자기책임의 원칙이란 개인이 자유로운 선택과 결정에 따라 행동을 했으면 그에 따른 결과도 자신이 책임져야 한다는 의미입니다. 이는 민사, 형사 등 법 전반에 적용되는 기본 원칙입니다. 나한탕 씨는 스스로 카지노에 가서 도박을 즐겼습니다. 누가 나한탕 씨를 억지로 카지노에 집어넣은 게 아니지요. 도박을 하면 돈을 잃을 수도 있다는 사실은 어린아이도 아는 사실입니다. 결국 어떤 일이 발생할지 빤히 보이는데도 본인이 원해서 도박을 했으니, 그에 따른 결과도 나한탕 씨 스스로 감당해야 한다는 게 법원의 결론입니다. 자유에는 책임이 따른다는 평범한 사실을 대법원이 다시 한번 확인한 셈입니다.

김변의 한 방 정리

다른 사람에게 받아야 할 돈이 있을 때 제기하는 소송이 바로 민사소송입니다. 민사소송은 소송을 제기한 원고가 소장이라는 문서를 법원에 제출하면서 시작됩니다. 소송 제기를 당한 피고는 답변서를 제출합니다. 양쪽이 치열하게 공방을 벌인 뒤에 심판 역할을 하는 법원이 판결을 내립니다. 선고된 판결을 받아들일 수 없는 사람은 항소나 상고를 하여 다시 재판을 받을 수 있습니다.

구속됐던 이재용 부회장은 어떻게 석방되었을까?

● 글로벌 기업 삼성

삼성은 한국을 대표하는 기업 중 하나입니다. 삼성전자의 2018년 1분기 영업이익은 15조 6400억 원입니다. 15조 원 어치의 제품을 팔았다는 게 아니라, 제품을 팔아서 남긴 이익만 15조 원이라는 겁니다. 실적이 좋으니 월급도 많은 편이죠. 자연스럽게 구직자들이 가장 가고 싶어 하는 회사 1위로 삼성이 꼽힙니다. 삼성그룹에서 대졸 신입사원을 뽑기 위해 시행하는 직무적성검사에는 수많은 응시자들이 몰립니다. 이 시험은 '삼성고시'라 불리기도 하죠.

외형만 보면 흠잡을 데가 별로 없어 보이는 세계적인 기업 삼성. 이곳을 이끄는 사람은 누구일까요? 바로 이재용 부회장입니다. 할아버지와 아버지에 이어서 삼성그룹의 경영을 책임지는 그는 개인 재산만 해도 수조 원에 달하는, 금수저 중에서도 금수저입니다. 돈도 많고 힘도 막강하니 얼마나 행복할까요? 그 마음을 알 수는 없겠지만, 최근에 그가 겪은 일을 보면 마냥 행복하지는 않을 것 같다는 생각도 듭니다.

박근혜·최순실 국정 농단 사태의 실체를 들여다보니, 삼성과 이들이 부적절한 관계를 맺고 있던 정황이 드러났습니다. 삼성이 무언가 대가를 바라고 이들에게 상당한 돈을 주었고, 박근혜 당시 대통령은 이재용 부회장에게 특혜를 줬다는 의혹이 제기된 겁니다.

그는 전 국민이 지켜보는 가운데 특별검사에게 소환되어 조사를 받았습니다. 우여곡절 끝에 구속되었고, 재판에서 유죄 판결을 받았죠. 하지만 결국 석방되었습니다. 그러나 아직 사건이 완전히 마무리된 건 아닙니다.

이번에는 조사–구속–유죄 선고–석방이라는 과정을 거친 이재용 부회장의 사례를 통해서 형사사건의 전반적인 절차를 알아보겠습니다.

● 수사는 누가 할까?

범죄가 발생하면 수사기관은 수사를 진행합니다. **수사**란 범인이 누구인지, 어떻게 범죄가 일어났는지를 찾고 범죄의 증거를 확보하는 과정입니다.

수사는 아무나 할 수 있는 게 아닙니다. 법에서 수사를 할 수 있다고 정해 놓은 기관만 수사를 할 수 있습니다. 수사기관으로는 **경찰**과 **검찰**이 있습니다. 이들은 모두 수사를 할 수 있지만 둘의 관계가 완전히 평등하지는 않습니다. 형사소송법에 따르면 경찰이 수사를 할 때 검사의 지휘를 받아야 하기 때문이죠. 지휘는 보통 높은 지위에 있는 사람이 낮은 지위에 있는 사람에게 하는 겁니다. 그래서 검찰은 이 규정을 근거로 경찰이 검찰의 지시에 따라야 한다고 주장하죠. 경찰은 검찰의 지휘를 받아야 하는 상황이 불만스럽습니다. 그래서 경찰이 검찰의 감독 없이 독자적으로 수사할 수 있는 권한을 달라고 줄기차게 요구하고 있지요. 이게 바로 뉴스에도 자주 나오는 '검경 수사권 조정 문제'입니다.

일반적인 수사기관은 경찰과 검찰이지만, 특별한 수사기관이 있는데 그건 바로 **특별검사**입니다. 아무리 경찰이나 검찰이라고 해도 대통령이나 고위 공직자와 같은 사람들을 수사할 때는 그들의 힘에 눌려 제대로 하지 못하는 경우가 많습니다. 이런 문제점을 해결하기 위한 제도가 특별검사입니다. 특별검사도 범죄 수사를 한다는 점에서는 경찰이나 검찰과 비슷하지만 한 가지 큰 차이점이 있습니다. 경찰이나 검찰이 행정부에 소속되어 있는 것과 달리 특별검사는 어디에도 속하지 않는 독립적인 지위에 있습니다. 특별검사에게 독립적인 지위를 주는 건, 이곳저곳 눈치 보지 않고 오로지 수사에만 전념할 수 있도록 하기 위해서입니다.

일반적으로 범죄를 저지른 사람은 먼저 경찰의 조사를 받

111
법은 실제로 어떻게 작동하나요?

은 뒤, 검찰에서 다시 한번 조사를 받습니다. 하지만 반드시 검찰 조사 전에 경찰 조사를 거쳐야 하는 건 아닙니다. 검찰에서 바로 조사를 할 수도 있죠.

그럼 이재용 부회장의 경우는 어땠을까요? 이재용 부회장은 경찰이나 검찰의 조사를 받지 않고, 바로 박영수 특별검사의 조사를 받았습니다. 그건 이 사건이 보통의 형사사건과는 매우 달랐기 때문입니다. 이재용 부회장이 수사를 받은 이유는 박근혜 당시 대통령에게 거액의 돈을 줬다는 혐의가 있어서였죠. 한국에서 가장 잘나가는 기업의 최고 경영자가 한국에서 가장 힘 있는 사람에게 거액을 준 사건입니다. 나라에서는 이 사건을 일반적인 사건과는 다르게 취급하는 게 맞겠다 싶어서 특별검사를 임명한 겁니다.

● 수사는 어떻게 할까?

수사를 책임질 주인공은 특별검사로 정해졌으니 이제 본

격적인 수사를 할 차례입니다. 방식은 아주 다양한데, 수사 대상을 기준으로 하면 크게 두 가지로 나눌 수 있습니다.

첫 번째는 **물건을 대상으로 한 수사**입니다. 어떤 범죄가 일어났고, 누가 범죄를 저질렀는지를 밝히려면 증거가 있어야 합니다. 그 증거를 확보하기 위한 과정이 물건을 대상으로 한 수사라 할 수 있습니다.

살인 사건을 예로 들어 볼까요? 수사기관은 살인에 쓰인 흉기를 찾아내려고 할 겁니다. 범인으로 의심받는 사람을 **피의자**라고 부르는데, 피의자는 자신의 범죄를 숨기려 할 테니 자발적으로 증거를 내놓지 않을 가능성이 높습니다. 그럴 때에는 경찰이 강제로 가져올 수밖에 없겠죠? 이렇게 범죄와 관련이 있는 물건을 찾는 활동을 수색이라고 하고, 찾은 물건을 강제로 가져오는 걸 압수라고 부릅니다. 보통 물건을 찾는 일과 가져오는 일이 같이 일어나므로 둘을 붙여서 **압수·수색**이라고 부릅니다.

하지만 아무리 경찰이라고 해도 다른 사람의 물건을 함

부로 가져올 수는 없습니다. 몇몇 예외가 있기는 하지만 원칙적으로는 다른 사람의 물건을 강제로 가져오려면 법원의 허가가 필요합니다. 압수·수색을 할 수 있게 법원이 허락한 내용을 담은 서류를 압수·수색영장이라고 부르죠. 드라마나 영화를 보면 경찰관이 사무실에 들이닥쳐 물건을 막 가져가려고 할 때, "영장은 가져오셨나요?"라고 따지는 장면이 자주 나오죠? 그때의 영장이 바로 압수·수색영장입니다.

두 번째는 물건이 아니라 사람을 대상으로 하는 수사입니다. 이건 피의자를 수사기관으로 불러서 범죄에 관해 직접 물어보는 걸 뜻합니다. 피의자가 자발적으로 나와서 수사를 받으면 좋겠지만, 그렇지 않을 수도 있습니다. 범죄가 드러나는 게 두려워서 도망가 버릴 수도 있고요. 이를 방지하기 위해서 피의자를 강제로 수사기관에 데려와서 못 도망가게 가두는 절차가 바로 **체포**입니다. 체포와 비슷한 개념으로 구속이 있는데, 체포와 구속은 피의자를 가두고 도망가지 못하게 한다는 점에서는 비슷해요. 하지만 체포는 가둬 둘 수 있는 기간이 며칠에 불과한 데 반해 **구속**은 몇 개월씩 장기간 가둘 수 있다는 차이가 있습니다.

사람은 마음대로 돌아다니지 못하고 어딘가에 갇히면 큰 고통을 느낄 수밖에 없습니다. 몇 개월씩 구치소의 좁은 방에 갇혀서 자기 뜻대로 움직이지도 못하고, 보고 싶은 사람들을 만날 수도 없을 때 느끼는 고통스러움은 실로 엄청나다고 합니다. 그래서 범인일 가능성이 있다고 해서 함부로 사람을 구속해서는 안 됩니다.

제대로 된 수사를 하고 피의자가 도망가는 걸 막으려면 일단 피의자를 구속시키는 것이 낫습니다. 그런데 구속 제도를 마구 사용하면 억울한 피해자가 생길 수 있죠. 둘 중 어떤 쪽을 선택해야 할지 고민스럽지요. 우리 법은 구속을 가급적 하지 않고, 구속이 꼭 필요한 경우에만 해야 한다는 입장입니다. 구속이 꼭 필요한지 아닌지를 판단하는 절차가 영장실질심사입니다.

앞에서 물건을 압수할 때 법원의 압수영장이 필요하다고 배웠죠? 마찬가지로 피의자를 구속하기 위해서도 법원의 구

영장실질심사를 가장 오래 받은 사람은?

박근혜 전 대통령입니다. 무려 8시간 40분 동안 진행되었습니다.

속영장이 필요합니다. 법원이 피의자를 구속하는 걸 허락하는 서류죠. 이 구속영장을 발부하기 전에 피의자를 직접 불러서 그 사람이 실제 범인일 가능성이 매우 높은지, 이 사람이 혹시 도망가거나 증거를 없애 버릴 위험은 없는지를 유심히 살펴보는 과정이 영장실질심사입니다. 이런 제도를 두는 이유는 서류만으로 구속 여부를 판단하는 것보다는 직접 사람을 대면해서 질문도 하고 답변도 듣는 게 정확한 판단을 내리는 데 더 도움이 되기 때문입니다.

이재용 부회장의 수사를 담당한 특별검사팀은 이 부회장을 구속해야 한다고 생각해서 법원에 구속영장을 발부해 달라고 신청하였습니다. 그러자 법원의 판사는 이 부회장을 법원으로 불러 3시간 넘게 영장실질심사를 진행했습니다. 하지만 구속할 필요가 없다고 판단해서 구속영장을 발부하지 않았죠. 이 부회장은 안도의 숨을 내쉬었겠지만 특별검사팀은 만족할 수 없었습니다. 이들은 수사를 보강하고 범죄 관련 증거를 보충한 뒤 다시 구속영장을 청구했습니다. 이번에는 법원이 구속영장을 발부했습니다. 이재용 부회장은 구속되어 구치소에 갇혀서 생활하게 되었습니다.

● 형사소송은 어떻게 시작되나?

민사소송이 주로 개인들 사이의 돈 문제를 다루는 절차라는 건 앞서 살펴보았죠? 그와 달리 형사소송은 어떤 사람이 범죄를 저질렀는지, 만약 저질렀다면 어떤 벌을 내릴 것인지를 다루는 절차입니다. 민사소송에서는 소송을 제기하는 사람을 '원고'라고 부르지요? 그런데 형사소송에는 원고가 없습니다. 원고도 없는데 소송을 어떻게 시작하냐고요? 형사소송에서는 검사가 원고와 비슷한 역할을 합니다.

검사는 법원에 형사소송을 시작해 달라고 요구할 수 있습니다. 이렇게 범죄를 저지른 사람을 처벌해 달라고 법원에 요청하는 걸 '공소를 제기한다'라고 표현하고, 공소 제기를 줄여서 **기소**라 부릅니다. 대한민국에서 기소를 할 수 있는 사람은 검사가 유일합니다. 설령 범죄의 피해자라고 해도 형사소송을 시작하라고 법원에 요구할 수 없습니다. 그래서 검사의 힘이 막강한 것이죠.

기소가 되면 본격적인 형사소송이 진행됩니다. 어떤 사람이 범인으로 의심되어 수사를 받는 단계에서는 그를 **피의자**라 부르지만, 형사소송이 제기되고 나면 **피고인**이라 부릅니다. 검찰은 피고인이 범죄를 저질렀으니 엄하게 처벌해야 한다고 주장합니다. 그런데 피고인 입장에서는 아무리 억울해도 법을 잘 몰라서 검찰의 주장을 제대로 반박하기 어려울 수 있습니다.

이럴 때 도움을 주는 존재가 바로 변호사(변호인)입니다. 변호사는 피고인을 적극적으로 변호하여 억울한 피해를 입지 않도록 돕는 역할을 합니다. 어떻게 보면 형사소송은 피고인과 변호사가 한 팀을 이뤄서 검찰의 주장에 맞서는 경기라고 할 수도 있습니다.

● 판결 선고, 그리고 그 이후

피고인 측과 검사 양쪽이 치열하게 서로의 주장을 펼치고 나면, 법원은 어느 쪽의 주장이 더 맞는지를 따져 보기 시작합니다. 법원은 두 단계를 거쳐 판단을 내립니다. 첫 단계는 피고인이 유죄인지 무죄인지를 분간하는 겁니다. 피고인이 무죄라면 그걸로 끝납니다. 하지만 피고인이 유죄라면 다음 단계로 넘어가 피고인에게 어떤 벌을 내릴지도 결정합니다.

우리나라에는 총 9개의 형벌(사형, 징역, 금고, 자격상실, 자격정지, 벌금, 구류, 과료, 몰수)이 있습니다. 이 중에서 가장 일반적인 형벌 두 가지는 **징역**과 **벌금**입니다. 징역은 피고인을 장기간 교도소에 가두어서 일을 시키는 것이고, 벌금은 잘못에 대한 대가로 돈을 내게 하는 겁니다.

특별검사팀은 이재용 부회장이 여러 범죄를 저질렀다고 주장하면서 공소를 제기하였고, 이에 따라 이 부회장에 대한 형사소송이 시작되었습니다. 특별검사팀과 이 부회장 측 변호사들 사이에 불꽃 튀는 접전이 일어났죠. 핵심 쟁점은

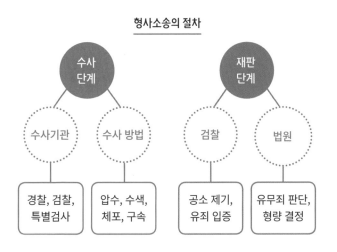

형사소송의 절차

수사
단계

재판
단계

수사기관

수사 방법

검찰

법원

경찰, 검찰,
특별검사

압수, 수색,
체포, 구속

공소 제기,
유죄 입증

유무죄 판단,
형량 결정

'이 부회장이 박근혜 당시 대통령 또는 최순실에게 준 돈이
뇌물인가, 아닌가'였습니다. 약 6개월 동안 재판을 한 뒤 법
원(서울중앙지방법원)은 이 부회장이 준 돈이 뇌물이 맞다고
보았습니다. 형법에는 공무원에게 뇌물을 주면 안 된다고
정해져 있습니다. 따라서 법원은 이재용 부회장을 유죄라고
판결했습니다. 유죄라고 판단했으니 형벌도 정해야 하는데,
법원이 정한 형벌은 징역 5년이었습니다. 이 판결에 따르면
이 부회장은 5년 동안 교도소에 갇혀야 하는 것이죠.

우리나라는 삼심제를 채택해서 한 사건에 세 번까지 재판을 받을 수 있다는 사실을 앞에서 배웠죠? 형사소송도 삼심제가 적용됩니다. 1심 법원(서울중앙지방법원)의 판결을 그대로 받아들일 수 없었던 이 부회장은 다시 재판해 달라고 요청하는 항소를 했고, 다시 소송이 열렸습니다. 2심 법원(서울고등법원)도 1심 법원과 마찬가지로 이 부회장이 유죄라고 판단했지만 형벌의 종류가 달랐습니다. 징역 2년 6개월에 집행유예 4년을 선고한 겁니다. '징역 2년 6개월'이 그 기간 동안 교도소에 갇힌다는 의미라는 건 알겠는데, 그 뒤에 붙은 '집행유예 4년'은 뭘까요?

> **항소? 상소?**
> 삼심제에 따라 1심 판결에 불만이 있으면 '항소'를 할 수 있고, 2심 판결에 불만이 있으면 '상고'를 하면 됩니다. 항소와 상고를 합쳐서 '상소'라 부릅니다.

'유예'는 어떤 일을 바로 하지 않고 시간을 뒤로 미룬다는 뜻입니다. 집행유예를 단어 그대로 해석하면 형벌을 집행하는 걸 뒤로 미룬다는 의미입니다. 뒤로 미루다니, 뭔가 아리송하죠? 징역 2년 6개월이 선고되고, 형벌이 바로 집행되면 그 사람은 당장 교도소에 들어가야 합니다. 그런데 '집행유예 4년'이 뒤에 붙으면 4년 동안 형벌을 집행하지 않는다는 것이니, 교도소에 갈 필요가 없습니다. 그렇다고 집행유예가 단순히 집행하는 시기를 뒤로 미루는 건 아닙니다.

선고유예는 무엇인가요?

집행유예와 말이 비슷하죠? 선고유예는 비교적 사소한 범죄를 저지른 경우, 선고를 일정 기간 동안 하지 않고 유예하는 것입니다. 집행유예는 형벌을 선고하고 집행만 유예하는 것이고, 선고유예는 선고 자체를 유예합니다.

그러니까 4년 뒤에 교도소에 가야 되는 게 아니라, 4년 동안 큰 사고를 치지 않으면 교도소에 가지 않는다는 뜻입니다. 쉽게 말해 '징역 2년 6개월에 집행유예 4년'이라는 형벌은, 원래 2년 6개월 동안 갇히는 게 맞는데 여러 사정을 고려해서 한 번 봐주겠으니 4년간 반성하면서 지내라는 의미로 풀어 주는 겁니다.

이재용 부회장은 1심 판결에는 집행유예가 없어서 계속 구치소에서 생활했고, 2심 판결에는 집행유예가 있어서 풀려난 겁니다. 2심 판결이 선고되자 이 부회장은 아주 기뻐했지만, 재벌 총수를 일부러 봐줬다고 비판하는 사람들이 적지 않았습니다. 법원이 이 부회장이 거액의 뇌물을 준 사실을 인정하면서도 집행유예를 선고했기 때문입니다.

2심 판결까지 선고되었지만, 이 글을 쓰고 있는 지금 이 부회장의 재판은 아직 끝나지 않았습니다. 특별검사가 상고해서 3심 소송이 진행되고 있으니까요. 대법원의 최종 판단을 기다려 봐야 결과를 알 수 있겠죠?

김변의 한방정리

경찰과 검찰은 범죄가 발생하면 범인을 찾아내기 위한 수사를 합니다. 수사의 방법으로는 물건을 강제로 가져오는 압수·수색과 피의자를 일시적으로 가두는 체포·구속이 있습니다. 수사가 끝나면 본격적인 재판의 단계로 넘어가는데, 형사소송을 제기할 수 있는 사람은 검사입니다. 법원은 피고인이 유죄라고 판단하면 징역, 벌금 등의 형벌을 내릴 수 있는데, 징역형에 집행유예가 붙으면 당장 교도소에서 생활하지 않아도 됩니다.

학원의 야간 수업을 법으로 금지해도 될까?

● "공부하고 싶어요!"

오래전에 『공부가 가장 쉬웠어요』라는 책이 화제가 된 적이 있습니다. 그 책을 쓴 저자는 어려운 가정 형편 때문에 공부를 하고 싶어도 할 수 없는 상황이었는데, 배움에 대한 열망이 강해 막노동 등을 하며 힘들게 공부했다는 것이 주된 내용이었습니다. 저자의 상황을 알고 나면 공부가 가장 쉽다는 책 제목이 어느 정도 이해가 되지만, 출간 당시에는 많은 학생들의 반발을 사기도 했습니다. 어떤 학생들에게 공부는 어렵고 힘든 것, 하기 싫지만 해야 하는 것이니까요.

하지만 모든 학생들이 공부를 싫어하는 건 아닙니다. 여기, 공부하고 싶은데 국가가 그걸 방해한다면서 소송을 제기한 사람들이 있습니다. 무슨 일이 있었던 걸까요?

나열공(가명)은 서울에 있는 고등학교를 다니는 학생입니다. 학교에서 열심히 수업도 듣고 자율학습도 하지만 공부 내용 중 이해가 잘 안 되는 부분이 있습니다. 그래서 부족한 부분은 학원 강의를 들으며 보충하기로 했습니다. 방과 후에 바로 학원으로 가고 싶지만 학교에서는 수업이 끝난 후에도 학교에 남아 자율학습을 해야 한다고 합니다. 강제로 하는 게 '자율학습'이 맞는지 의문이 들기는 하지만, 학교에서 시키는 일이니 따르기로 했습니다.

자율학습을 마친 뒤 학원에 가면 어느새 밤 10시입니다. 학원 수업은 자정을 넘기기 일쑤입니다. 피곤한 몸을 이끌고 집으로 돌아갈 때면 여러 가지 생각이 듭니다. 공부를 잘하고 싶다는 마음이 들면서도, 이 시간에 공부 대신 조금 더 재밌는 일을 하고 싶다는 생각도 드는 것이죠. 하지만 대학에 가면 하고 싶은 걸 다 할 수 있다는 엄마의 말씀을 듣고 조금 더 참아 보기로 합니다.

그런데 어느 날 놀라운 소식을 들었습니다. 이제는 밤에 학원에서 수업을 들을 수 없다는 겁니다. 이유를 물어봤더니, 학원의 야간 수업을 금지하는 법 때문이라는 대답이 돌아왔습니다. 이게 어떻게 된 일일까요?

엄밀히 말해서 학원의 야간 수업을 금지하는 법률이 있는 건 아닙니다. 서울시가 조례(條例)를 통해 학원의 수업 시간을 오전 5시부터 오후 10시까지로 제한한 것이죠. 조례가 뭐냐고요? 아침에 선생님이 학생들에게 주의 사항 등을 전달하는 조례(朝禮)를 생각하기 쉬운데, 여기서 말하는 조례는 그게 아니고 법의 한 종류를 뜻합니다.

대한민국에 국회와 국회의원이 있는 것과 마찬가지로 지방자치단체에는 지방의회와 지방의회의원이 있습니다. 국민의 대표로 뽑힌 국회와 국회의원이 있는데도, 지방의회와 지방의원이 필요한 이유는 무엇일까요? 각 지방마다 처한

환경이 달라 그에 맞는 정책이 필요하기 때문입니다. 각 지역이 자신들의 일을 알아서 처리하는 걸 지방자치라고 하는데, **조례**는 지방자치를 실현하기 위해 각 지역의 상황에 맞게 정해 놓은 규칙입니다. 조례도 일종의 법이니 그 내용을 지켜야 합니다.

법이 그렇다고 하니 지켜야 한다는 생각은 들지만, 나열공은 아무래도 이 조례가 왜 필요한지 잘 이해되지 않습니다. 나열공의 아버지 나열심(가명)도 자녀가 학원에서 알아서 공부하겠다는 걸 나라가 왜 막으려는지 모르겠습니다. 학원을 운영하는 김교습(가명) 씨도 불만입니다. 야간 수업을 하지 못하면 당장 수입이 줄어들 테니까요. 이들은 모여서 대책을 논의하던 중, 법에 문제가 있다고 생각하면 헌법소송을 제기할 수 있다는 사실을 알게 되었습니다.

● 위헌법률심판

헌법재판소는 이름 그대로 '헌법에 관한 재판'을 하는 곳입니다. 어떤 나라는 헌법에 관한 재판도 대법원에서 담당하지만, 우리나라는 헌법재판소가 헌법재판을 맡고 있습니다. 그렇다면 헌법에 관련된 재판은 어떤 게 있을까요? 헌법재판소가 하는 재판은 위헌법률심판, 탄핵심판, 위헌정당해산심판, 권한쟁의심판, 헌법소원심판이 있습니다.

복잡하고 어려워 보이는 말들이죠? 차근차근 짚어 가면 어렵지 않아요. 박근혜 전 대통령 탄핵심판에 대한 인상이 워낙 강해서 헌법재판소 하면 탄핵심판을 떠올리기 쉽지만, 사실 탄핵심판은 지금까지 딱 두 번밖에 없었습니다. 이곳의 주된 업무는 **위헌법률심판**과 **헌법소원심판**입니다. 이 두 가지를 알아보겠습니다.

먼저 **위헌법률심판**입니다. 재판은 판사 마음대로 하는 것이 아닙니다. 사람들이 서로 반대의 주장을 하는 상황에서 누구의 말이 맞는지를 판단할 때 기준이 되는 것이 바로 '법률'이지요. 그런데 기준이 되는 법률 자체가 이상할 때도 있습니다. 법률의 내용이 헌법과 다른 경우가 대표적입니다. 헌법이 법률보다 상위의 규범이니까 헌법에 위반된 법률은 법률로서의 자격이 없습니다. 어떻게 헌법에 위반된 법률이 있을 수 있냐고요? 법률이 워낙 많은 데다가, '헌법의 내용에 맞는 법률'이라는 것이 어려운 개념이기도 해서 헌법에 위반된 법률이 종종 나타납니다.

위헌? 합헌?
위헌은 어떤 법률이나 행동이 헌법의 내용과 어긋나는 걸 의미합니다. 위헌의 반대말인 합헌은 어떤 법률이나 행동이 헌법에 어긋나지 않는다는 뜻이죠.

예를 들어 볼까요? 오판매(가명) 씨는 몸에 좋은 음식인 건강기능식품을 판매하는 사람입니다. '건강기능식품에 관한 법률'에 따르면, 건강기능식품을 광고하려면 사전에 미리 한국건강기능식품협회의 심의를 받아야 합니다. 하지만 오 씨는 심의를 받지 않고 상품을 광고해서, 법을 어겼다는 이유로 재판을 받게 되었죠. 오 씨는 재판을 받으면서 이 법이 이상하다는 생각을 했습니다. '헌법에는 표현을 자유롭게 할 수 있다고 되어 있으니, 광고도 심의 없이 자유롭게

표현의 자유
말 그대로, 생각이나 느낌을 자유롭게 드러낼 수 있는 자유를 뜻합니다. 이를 위해 헌법은 언론·출판의 자유, 집회·결사의 자유 등을 보장합니다.

할 수 있는 게 아닐까?'라고 말이지요.

이렇게 재판을 하는 중간에 그 재판과 관련된 법률이 헌법에 위반될 가능성이 있을 때, 헌법재판소에서 그 법률이 헌법에 위반되는지를 가리는 제도가 위헌법률심판입니다.

위헌법률심판을 하려면 두 가지 조건을 갖춰야 합니다. 첫째, 특정한 법률이 적용되는 재판이 진행되고 있어야 합니다. 해당 법률에 대한 아무런 분쟁도 없는데 위헌법률심판을 할 수는 없습니다. 둘째, 그 법률의 헌법 위반 여부가 그 재판의 결과에 영향을 미쳐야 합니다. 만약 법률이 위헌이든 아니든 재판에 아무 영향을 미치지 않으면 굳이 헌법재판소가 위헌 판단을 할 이유가 없기 때문이죠.

헌법재판소가 위헌법률심판을 하려면 법원의 요청이 있어야 합니다. 법원이 재판을 하면서 어떤 법률이 헌법에 위반될 가능성이 있다고 생각하여 헌법재판소에 그 판단을 요청하는 것을 위헌법률심판의 **제청**이라고 합니다. 제청은 법원이 알아서 할 수도 있고, 재판의 당사자가 신청해서 그 신청이 받아들여지면 할 수도 있습니다.

　이때 용어를 정확하게 구분해서 쓸 필요가 있습니다. 재판의 당사자가 '위헌법률심판 제청 신청'을 하면, 법원은 '위헌법률심판 제청'을 합니다. 그리고 헌법재판소는 '위헌법률심판'을 합니다. '당사자가 위헌법률심판 제청을 한다' '법원이 위헌법률심판을 한다'는 표현은 잘못된 것이니 주의해야 합니다.

위헌법률심판의 절차

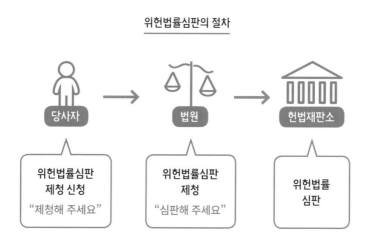

당사자	법원	헌법재판소
위헌법률심판 제청 신청 "제청해 주세요"	위헌법률심판 제청 "심판해 주세요"	위헌법률 심판

● 헌법소원심판

헌법재판소가 하는 일 중 두 번째로 중요한 것이 **헌법소원심판**입니다. 헌법소원심판이란 뭘까요? 이를 이해하려면 먼저 기본권에 대해 알아야 합니다. 사람이라면 누구나 인간으로서 당연히 누려야 할 권리인 인권을 가집니다. 인권 중에서도 가장 중요하면서도 기본이 되는 권리를 **기본권**이라 부릅니다.

기본권이라는 말이 추상적이어서 그 의미가 잘 와닿지 않을 수 있어요. 쉽게 말하면 어딘가에 갇혀 있지 않고 자유롭게 몸을 움직일 수 있는 권리, 특별한 이유 없이 차별을 받지 않고 평등하게 대우받을 권리, 자신의 생각을 자유롭게 표현할 수 있는 권리, 정당하게 취득한 재산을 보호받을 수 있는 권리 같은 것들이 모두 기본권입니다. 헌법은 이런 국민의 기본권을 보호하는 방패 같은 역할을 합니다.

그런데 국가가 기본권을 침해한다면 어떻게 해야 할까요? 이럴 때 활용할 수 있는 제도가 **헌법소원**입니다. 헌법소원은 국가기관 등이 공권력을 행사해서 헌법에 보장된 기본권을 침해할 때, 이러한 기본권 침해를 중지해 달라고 헌법재판소에 요청하는 제도입니다. 헌법재판소는 이를 판단하는 헌법소원심판을 하는 것이죠.

실제 있었던 사례를 예로 들어 보겠습니다. 강조사(가명) 씨는 범죄를 저질렀다고 의심을 받아 검찰에서 조사를 받았습니다. 검찰 조사는 혼자 가서 받을 수도 있지만, 변호인과 함께 가서 받을 수도 있습니다. 아무래도 보통 사람들은 법에 대해서 잘 모르니 법률 전문가인 변호사의 도움을 받는 거죠. 이렇게 변호사의 도움을 받을 수 있는 권리도 기본권의 하나입니다.

그런데 김엄정(가명) 검사는 강조사 씨의 변호사를 강조사 씨 옆에 못 앉게 하고 뒤에 앉혔습니다. 변호사가 옆에 앉아 있으면 필요할 때 바로 도움을 받을 수 있지만, 뒤에 앉으면 아무래도 도움을 받기가 쉽지 않습니다. 그래서 강조사 씨는 변호사의 도움을 얻을 권리를 검찰이 침해했다고 주장하면서 헌법소원심판을 청구했습니다. 결과는 어땠을까요? 헌법재판소는 검찰 조사를 받을 때 변호사를 피의자의 뒤에 앉히는 행위가 헌법에 위반된다고 결정했습니다.

헌법재판소가 주로 하는 일인 위헌법률심판과 헌법소원심판에 대해 설명을 했는데, 이곳이 어떤 일을 하는지 조금 감이 잡히시나요? 한 번 더 정리해 보겠습니다. 현재 민사재판·형사재판 등을 받고 있는데 그 재판의 결과에 영향을 미치는 법률이 헌법에 위반되는지를 판단하는 것이 위헌법률심판입니다. 그리고 국가가 공권력을 행사하여 기본권을 침해했는지를 가리는 절차가 헌법소원이죠. 절차와 성격이 조금 다르긴 하지만, 두 제도는 모두 법이나 국가가 하는 일이 헌법에 보장된 국민의 기본권을 침해하는 경우를 막기 위해 존재합니다.

학원 야간 강의 사건으로 돌아가 볼까요? 우선 이 사건에는 위헌법률심판과 헌법소원심판 중에서 어떤 것이 적용될까요? 이 두 심판을 구별하는 가장 간단한 방법은 그 법률이 적용된 재판이 진행되고 있는지를 살펴보는 겁니다. 나열공(고등학생), 나열심(부모), 김교습(학원 운영자) 씨는 재판을 받는 중이 아니죠. 그러니 위헌법률심판이 아니라 헌법소원심판을 제기하면 됩니다.

헌법소원심판은 국가의 공권력이 기본권을 침해할 때 제기하는 건데, 세 사람은 어떤 기본권 침해를 주장했을까요? 나열공은 인격의 자유로운 발현권을, 나열심은 자녀를 자유롭게 교육시킬 수 있는 권리를, 김교습은 자신이 원하는 직업을 희망하는 방식대로 수행할 수 있는 자유를 주장했습니다. 다른 건 무슨 말인지 대충 감이 잡히는데, 나열공이 말한 '인격의 자유로운 발현권'이라는 말은 무슨 뜻인지 잘 와닿지 않죠? 나열공 학생은 성인은 아니지만, 그래도 엄연히 인간의 고유한 품격인 인격을 가지고 있습니다. 그러한 인격을 발전시키고 제대로 드러내려면 사회의 기본 원리를 익히며 지식을 쌓는 공부가 필요한데, 그런 공부를 자유롭게 할 수 있는 권리를 말하는 겁니다.

이들의 주장에 대해 헌법재판소는 어떤 결정을 내렸을까요? 결론부터 이야기하면, 학원의 야간 강의를 금지한다고 해서 세 사람의 기본권이 침해받지 않는다고 판단했습니다.

야간 강의를 들으면 학생들의 휴식 시간이 부족해집니다. 육체적·정서적 발달을 방해받는 셈이죠. 야간에 학원에서 강의를 듣느라 잠을 못 자서 쌓인 피로는 어떻게 풀게 될까요? 학교 수업 시간에 잠을 자면서 풀겠죠? 학원은 학교 수업에서 부족한 부분을 보충해 주는 곳인데, 오히려 학원 강의가 주가 되고 학교 수업이 소외되는 주객전도의 상황이 벌어지는 것이죠.

아무리 그래도 학원 강의를 못 듣게 하는 건 너무 심하지 않냐고요? 헌법재판소는 모든 학원 강의를 전면적으로 금지한 게 아닙니다. 밤 10시 이후에 학원에서 하는 야간 강의만

금지한 것이죠. 오전 5시부터 밤 10시까지는 학원 강의를 자유롭게 들을 수 있습니다. 게다가 온라인 강의를 듣는 건 괜찮으니 학생, 학부모, 학원 운영자의 피해가 그리 크지 않다고 헌법재판소는 본 것입니다.

지금까지 말한 내용은 헌법재판소 재판관들 중 다수 재판관의 의견을 요약한 것인데, 모든 재판관이 같은 생각을 한 건 아닙니다. 헌법재판소에는 총 9명의 재판관이 있는데, 이 사건에는 총 8명의 재판관이 참여했습니다. 이 중 3명의 재판관은 학원에서 하는 야간 강의를 금지하는 일이 헌법에 위반된다고 보았습니다. 국민은 자유롭게 행동할 권리가 있으므로 국가와 지방자치단체가 국민의 일상 구석구석까지 세세하게 개입하는 행위는 가급적 자제해야 한다는 입장이었죠. 교육의 문제에서도 마찬가지여서, 학생 스스로 강의를 듣겠다는데 그걸 막는 건 기본권을 침해한다는 의견이었습니다.

이렇듯 헌법재판소의 재판관들의 생각이 서로 일치하지 않으면 어떻게 해야 할까요? 결론을 아예 안 내릴 수도 없고, 그렇다고 가위바위보를 해서 정할 수는 없는 일이겠죠. 대법원에서는 대법관들의 의견이 서로 다를 때는 다수결로 결론을 내립니다. 한 명이라도 많은 쪽의 의견이 대법원의 공식 견해가 되는 겁니다.

하지만 헌법재판소는 다릅니다. 법률이나 공권력을 행사한 어떠한 행위가 헌법에 위반된다는 결론을 내리려면 6명의 재판관이 위헌이라고 판단해야 합니다. 더 까다롭죠? 그럼 만약 9명의 재판관 중에서 5명이 위헌, 4명이 합헌이라고 보면 헌법재판소의 공식 입장은 무엇일까요?

정답은 '합헌'입니다. 위헌으로 보는 재판관이 5명으로 합헌인 4명보다 1명 많지만, 위헌이라고 판단하는 기준인 6명이 되지 않아서 헌법재판소의 공식 입장은 합헌이 됩니다. 다수결로 정하는 방식이 익숙해서인지 이런 방식은 좀 이상하게 느껴질 수도 있지요. 하지만 어떤 법률이나 공권력 행사가 헌법에 위반된다는 결론이 나면 사회에 미치는 영향이 매우 크기 때문에 좀 더 엄격한 조건을 설정한 겁니다.

김변의 한방정리

누구나 법을 지켜야 합니다. 그런데 그 법이 아주 이상한 법률이라면 좀 다르게 생각해 볼 수 있습니다. 아무리 법률이라고 해도 헌법보다 힘이 더 세지는 않고, 헌법에 위반된 법률은 효력이 없기 때문입니다. 국가가 공권력을 행사하는 경우도 마찬가지입니다. 국가는 국민의 기본권을 침해하는 일을 하면 안 됩니다. 헌법은 국민의 기본권을 보장하기 위해 있습니다. 헌법재판소는 법률이나 국가가 헌법을 잘 지키고 있는지를 판단합니다. 국민은 위헌법률심판이나 헌법소원심판을 통해 기본권을 지킬 수 있습니다.

법,
조금 더
친해지기

돈이 없어도 변호사의
도움을 받을 수 있나요?

법적인 분쟁은 의외로 많이 일어납니다. 다른 사람과 돈 문제로 얽혀 소송을 해야 하거나, 경찰에서 조사를 받으러 오라고 하는 일 같은 법적인 문제가 생기면 어떻게 해야 할까요? 물론 혼자서 처리할 수도 있습니다. 하지만 법이란 게 어려울 때가 더 많습니다. 그럴 때는 전문가의 도움을 받는 게 낫습니다. 아프면 병원에 가서 의사의 치료를 받듯이, 법적인 문제가 생기면 변호사를 찾는 것이죠.

변호사의 도움을 받을 때 제일 고민되는 건 다름 아닌 돈입니다. 변호사에게 사건을 맡기려면 선임료가 필요합니다. 변호사들은 자신이 노력하는 만큼 적당한 수준의 돈을 받는다고 생각하지만, 보통 사람의 시각에서 보면 변호사 선임료는 비싼 편입니다. 그럼 돈이 없으면 변호사의 도움을 받을 수 없냐고요? 아닙니다. 돈이 없어도 변호사의 도움을 받을 수 있습니다.

형사사건에는 국선변호인 제도가 있습니다. 피고인이 되어 형사재판을 받는다는 건 간단한 일이 아닙니다. 자칫하면 형벌을 받을 수 있으니까요. 변호사의 도움이 간절히 필요하겠지요. 피고인이 경제적인 이유로 변호사를 선임하지 못해서 형사재판에서 불이익을 보는 일이 없도록 하려고 만든 것이 바로 국선변호인 제도입니다. 국선변호인은 누구일까요?

형사소송에서 변호 활동을 하는 변호사는 크게 두 종류로 나눌 수 있습니다. 첫 번째는 피고인이 스스로 선임한 사선변호인입니다. 두 번째는 국가가 피고인을 대신해서 선임해 준 국선변호인입니다. 사선변호인에게는 피고인이 변호사 선임료를 지급해야 하지만, 국선변호인이 선임되면 피고인은 변호사에게 돈을 줄 필요가 없습니다. 그럼 국선변호인은 돈을 전혀 받지 않고 일할까요? 그렇지 않습니다. 많은 액수는 아니지만 국가는 국선변호인에게 변호 활동에 대한 대가를 줍니다.

그런데 피고인이 경제적으로 궁핍한 처지에 있다고 해서 국가가 항상 국선변호인을 선정해 주는 건 아닙니다. 모든 형사사건의 피고인에게 국선변호인을 붙여 주면 좋겠지만, 그러려면 막대한 예산이 들어가지요. 국선변호인을 붙여 주는 데는 나름의 기준이 있는데, 형벌이 무거울수록 국선변호인을 선임해 줄 확률이 높아집니다. 살인죄와 같이 아주 중대한 범죄로 재판을 받는 피고인에게는 반드시 변호인이 있어야 하겠죠. 이런 경우에는 만약 피고인이 사선변호인을 선임하지 못하면 국가가 국선변호인을 꼭 붙여 줍니다.

형사재판에서 비용을 지불하지 않고 국선변호인의 도움을 받을 수 있는 것처럼 민사재판, 행정재판, 가사재판 등에서도 무료로 변호사를 선임하는 방법이 있습니다. 바로 소송구조 제도입니다.

소송구조 제도는 의뢰인이 돈을 내지 않고 변호사의 도움을 받을 수 있으며, 변호사는 일한 대가를 국가에서 받는다는 점에서는 국선변호인 제도와 비슷합니다. 두 제도의 가장 큰 차이는 소송의 종류입니다. 소송구조 신청은 형사재판에서는 할 수 없고 민사재판, 가사재판, 행정재판에서 가능합니다. 반면 국선변호인 제도는 형사재판에서만 쓰입니다. 소송구조는 경제적 약자를 보호하기 위한 제도이기 때문에 이용하려면 필요한 조건들이 있습니다.

첫째, 신청인이 돈이 없어 변호사를 선임하지 못할 만큼 가난해야 합니다. 그래서 소송구조를 신청할 때는 자신의 재산이 어느 정도인지를 법원에 밝혀야 합니다.

둘째, 재판에서 이길 가능성이 어느 정도는 있어야 합니다. 누가 봐도 질 게 뻔한 사건이라면 굳이 변호사의 도움을 받아 봐야 별 소용이 없기 때문입니다. 그렇다면 승소 가능성이 얼마나 있어야 할까요? 그 소송에서 '반드시 이길 수 있어야 한다'까지는 아니더라도 '패소할 것이 분명하지는 않고, 이길 승산이 제법 있다' 정도는 되어야 합니다.

#화제가_된_판결들 #판사의_역할 #법이_이래도_되나 #이유가_있다 #아쉬움이_남기도 #공정한_판결이_필요해

제 3 장

법이
왜 이래요?

법을
마주하기
전에

　한국을 대표하는 피겨 여왕 김연아 선수는 2010년 캐나다 밴쿠버에서 열린 제21회 동계올림픽에서 금메달을 땄습니다. 4년 뒤에 러시아 소치에서 열린 제22회 동계올림픽에서는 아쉽게도 은메달을 획득했습니다. 물론 올림픽에 나가서 꼭 금메달을 따야 하는 건 아닙니다. 은메달도 아주 대단한 성과입니다. 하지만 많은 국민들이 이 소식에 큰 아쉬움을 느꼈던 이유는, 김연아 선수가 금메달을 딸 충분한 능력을 가지고 경기를 훌륭하게 마쳤음에도 석연치 않은 심판의 판정 때문에 은메달을 받는 데 그쳤다고 생각하기 때문입니다.

　운동 경기의 승패를 가르는 데 결정적인 역할을 하는 심판이 있듯이 소송에도 심판 역할을 하는 사람이 있습니다. 바로 판사입니다.

판사는 서로 반대되는 주장을 하는 사람들 중에서 누구의 말이 더 맞는지 판단하는 일을 합니다. 판사가 내린 결론을 판결이라고 하지요.

판사는 어느 한쪽에 치우치지 않는 공정함을 유지해야 합니다. 또한 판결은 합리적이어야 하고, 그러한 판결을 내리는 과정이 논리적이며 상식적이어야 합니다. 그런데 뉴스를 보면 그들이 내린 판결을 쉽게 납득할 수 없는 때도 가끔 있습니다. 그럴 때면 '판사는 대체 무슨 생각으로 저런 판결을 내린 거야?'라는 말이 입에서 저절로 나옵니다. 도대체 정말 왜 그랬을까요?

이번 장에는 화제가 되었던 사건을 중심으로, 법원이 왜 그런 판결을 했는지를 알아보려고 합니다. 그 판결들에 아쉬운 점은 없는지 같이 살펴볼까요?

낙지 살인 사건의 피고인은 왜 무죄 선고를 받았을까?

● 낙지가 뭐기에!

사람들이 곤히 잠든 새벽, 인천의 어느 모텔에서 종업원으로 일하고 있던 고직원(가명) 씨는 쏟아지는 잠과 싸우면서 시간을 보내고 있었습니다. 새벽 4시가 조금 지났을 무렵, 프런트에서 전화벨이 울립니다. 전화를 건 사람은 모텔에 투숙하고 있던 김수상(가명) 씨. 전화 너머로 다급한 목소리가 들려옵니다.

"사고가 났으니 119에 빨리 신고해 주세요!"

놀란 고직원 씨는 119에 급히 신고를 한 다음, 사고가 났다는 객실로 갔습니다. 정말 큰 사고였습니다. 객실 출입구 쪽에 20대 초반의 여성(조다연, 가명)이 쓰러져 있었는데 숨을 쉬지 못하고 있었습니다. 그런데 특이한 점은 조다연 씨 주위 바닥에 낙지 한 마리가 떨어져 있었다는 겁니다. 119 구조대원이 신속하게 심폐소생술을 실시한 덕분에 그 여성은 잠시 호흡을 회복했지만, 안타깝게도 약 보름 뒤에 결국 사망하고 말았습니다.

이 사건은 '낙지 살인 사건'이라 불립니다. 이 사건에 그런 이름이 붙은 이유는 피해 여성인 조다연 씨가 낙지를 먹다가 사망했다고 김수상 씨가 말했기 때문입니다. 그녀는 정말 낙지 때문에 목숨을 잃은 것일까요? 먼저 김수상 씨의 이야기를 들어 보겠습니다.

"저와 다연이는 서로 사랑하는 연인 사이였습니다. 그날 다연이와 저녁을 먹으면서 술도 한잔했습니다. 술을 좀 더 마시고 싶은 생각에 횟집에서 산낙지를 사서 숙소로 들어갔습니다. 즐겁게 술을 마시며 이야기를 나누는데, 산낙지를 먹던 다연이가 갑자기 숨을 쉬지 못하더군요. 너무 놀라서 다연이의 입안에 손가락을 넣어 목에 걸린 낙지를 꺼냈습니다. 하지만 계속 숨을 쉬지 못하더라고요. 이러다 큰일이 나겠다 싶어, 프런트에 연락해서 도움을 요청했습니다."

그런데 김수상 씨를 수사한 검찰의 생각은 달랐습니다. 검찰의 주장도 들어 보겠습니다.

"조다연 씨는 산낙지를 먹다가 사망한 게 아닙니다. 김수상 씨가 조다연 씨를 죽인 겁니다. 김수상 씨는 주변 사람들에게 돈을 빌려서 생활해 왔는데, 조다연 씨를 이용해 큰돈을 벌 수 있겠다는 생각을 했습니다. 그 방법은 보험이었죠. 조다연 씨를 보험에 가입시킨 뒤, 보험금을 받는 사람을 자신으로 정해 놓은 거죠. 그러고는 보험금을 받으려고 조다연 씨의 코와 입을 막아 살해한 뒤, 그녀가 마치 낙지를 먹다가 죽은 것처럼 꾸민 것입니다."

자, 이렇게 조다연 씨의 사망에 대해 김수상 씨와 검찰은 서로 전혀 다른 주장을 했습니다. 조다연 씨를 살해한 혐의로 재판을 받게 된 김수상 씨. 법원은 김수상 씨에게 어떤 판결을 내렸을까요?

● 재판의 열쇠는 바로 증거

형사소송은 피고인이 범죄를 저지른 게 맞는지, 만약 범죄를 저질렀다면 어떤 형벌을 내리는 게 타당한지를 가리는 재판입니다. 피고인에게 판결을 선고하는 사람은 판사인데, 판사는 어떤 과정을 거쳐 판결을 내릴까요?

판결은 크게 두 단계 과정을 거칩니다. 첫 번째 단계는 사실관계 파악, 두 번째 단계는 법리 적용입니다.

사실관계를 파악한다는 건 쉽게 말해 무슨 일이 있었는지를 알아본다는 의미입니다. 똑같은 시각, 똑같은 장소에서 일어난 일에 대해서도 서로 다른 주장을 하는 일이 굉장히 많습니다. 홍길동과 이몽룡 두 사람이 싸움을 해서 쌍방 폭행 혐의로 경찰서에 잡혀 온 상황을 예로 들어 보겠습니다.

홍길동은 "나는 가만히 있는데 이몽룡이 먼저 때렸다"라고 주장하는데, 이몽룡은 정반대의 말을 합니다. 자신은 잠자코 있었는데 홍길동이 시비를 걸고 주먹을 날렸다는 겁니다. 두 사람의 말이 완전히 반대죠? 이 중에서 누구 말이 맞는지를 가려서 무슨 일이 있었는지를 알아내는 것이 사실관계 파악입니다.

사실관계를 파악하고 나면 법리를 적용하는 단계로 들어갑니다. 법리란 '법률의 원리'를 뜻합니다. 법리를 적용한다는 건 일어난 사실에 대해 '어떤' 법률을 적용할지, 법률에 있는 조문을 '어떻게' 적용할지 등을 결정하는 것입니다. 만약 홍길동이 이몽룡을 때린 것으로 사실관계가 밝혀질 경우, 홍길동에게 폭행죄를 적용할지 상해죄를 적용할지, 또한 그 범죄에 어떤 형벌을 내릴지 등을 정하는 과정이 법리 적용입니다.

사건에 따라 사실관계보다 법리 적용이 더 문제가 되는 경우도 있지만, 낙지 살인 사건은 법리 적용보다는 사실관계를 파악하는 것이 주된 쟁점이었습니다. 김수상 씨가 조다연 씨를 살해한 게 맞으면 살인죄가 되고, 아니라면 무죄일 테니 법리를 적용하는 데에는 큰 어려움이 없었죠. 그러니 재판의 핵심은 '김수상 씨가 살인을 저지른 게 맞느냐'였습니다.

그럼 과거에 실제로 무슨 일이 있었는지는 어떻게 알 수 있을까요? 타임머신을 타고 시간 여행을 해서 사건이 발생한 현장으로 간다면 확실히 알 수 있을 텐데, 그런 기술은 아직 존재하지 않습니다. 할 수 없이 과거에 발생한 일을 합리적인 방법으로 밝혀내야 하는데, 이때 핵심적인 역할을 하는 게 바로 **증거**입니다. 형사소송을 제기한 검사는 단순히 "피고인이 범인입니다"라고 주장만 할 게 아니라, 피고인이 범인이라는 증거를 같이 제출해야 합니다. 판사는 검사가 제출한 증거를 보고 사실관계를 파악합니다.

증거라고 하면 물건의 형태를 띠는 것만 증거라고 생각하기 쉽습니다. 하지만 꼭 그런 건 아니고, 물건의 형태를 가지고 있지 않은 것도 증거가 될 수 있습니다. 대표적인 예가 사람의 진술이죠.

　예를 들어, 공무원이 돈을 받으면 뇌물죄가 됩니다. 계좌이체나 수표로 돈을 주면 누가 누구에게 돈을 줬는지 기록이 남아 범죄가 금방 들통납니다. 그런 위험성 때문에 뇌물을 건넬 때는 현금으로 주는 경우가 많습니다. 아무도 모르게 현금을 받으면 증거가 없으니 괜찮으리라고 생각하겠지만, 그건 큰 착각입니다. 돈을 주는 장면이 찍힌 CCTV 화면과 같은 물증이 없더라도, 돈을 준 사람이 "내가 돈을 줬다"라고 진술한다면 그 사람의 진술도 증거가 되어 뇌물죄로 처벌받을 수 있습니다. 이처럼 물건이 아닌 것도 증거가 된답니다.

> **증거 재판주의**
> 증거에 따라 재판해야 한다는 원칙입니다. 아무리 판사라도 자신의 마음대로 판결을 내릴 수는 없어요. 판결이라는 결론을 내리려면 그 결론을 뒷받침하는 근거인 '증거'가 필요합니다.

● 같은 증거도 사람에 따라 다르게 보인다

수학 공식 중에 '피타고라스의 정리'라는 게 있습니다. '직각삼각형에서 직각을 끼고 있는 두 변의 제곱의 합은 빗변의 길이의 제곱과 같다'는 것이죠. 이 원리를 이용하면 빗변의 길이를 쉽게 알아낼 수 있습니다. 수학의 세계는 명백한 정답이 존재하고, 공식에 숫자를 대입하면 그 정답을 알아낼 수 있습니다. 하지만 법의 세계는 다릅니다.

법의 세계에는 수학처럼 분명한 공식이 없어서 명확한 답을 찾아내기가 매우 어렵습니다. 증거를 통해 사실관계를 파악하는 일도 마찬가지입니다. 증거가 있다고 하더라도 모든 게 한 번에 해결되지 않습니다. 똑같은 증거라도 보는 사람에 따라 이렇게 해석될 수도 있고, 저렇게 해석될 수도 있지요. 그래서 무슨 일이 있었는지 단정적으로 말하기 참으로 어려운 경우가 많습니다. 낙지 살인 사건에서 증인으로 출석한 모텔 종업원 고직원 씨의 진술만 해도 그렇습니다. 고직원 씨는 이렇게 말했죠.

"김수상 씨는 조다연 씨가 숨을 쉬지 않자, 모텔 프런트에 있던 저에게 전화를 걸어 119를 불러 달라고 했습니다."

고직원 씨의 진술은 두 가지 방향으로 해석할 수 있습니다. 먼저 김수상 씨의 행동을 의심스럽게 보는 사람은 아마 이렇게 말할 겁니다.

"김수상 씨는 자신의 휴대전화가 바로 옆에 있는데도 그걸 사용해서 직접 119에 신고하지 않았습니다. 그 점이 의심스럽습니다. 본인의 휴대전화를 사용했으면 시간도 단축할 수 있었을 텐데 굳이 객실 전화로 모텔 직원에게 전화를 걸었죠. 자신이 범인이 아니라는 걸 보여 주고 알리바이를 확보하려고 그런 것 같습니다."

하지만 다르게 보는 사람도 있죠.

"여자 친구가 숨을 쉬지 않는 급박한 상황이 벌어지면 누구라도 당황할 겁니다. 김수상 씨는 당황한 나머지 급히 누군가에게 도움을 요청하고자 했는데, 그 순간 떠오른 사람이 바로 모텔 직원이었던 겁니다. 자신의 휴대전화로 119에 전화를 걸지 않았다고 해서 그가 범행을 숨긴 거라고 보기는 어렵습니다. 오히려 이건 김수상 씨가 그만큼 당황했다는 걸 보여 주는 증거라고 봐야 합니다. 제 생각에는 모텔 직원에게 119를 불러 달라고 한 걸 보면 김수상 씨는 범인이 아닌 것 같습니다."

이처럼 김수상 씨가 모텔 직원에게 전화를 걸었다는 내용의 증거를 사람에 따라 완전히 다르게 해석할 수도 있습니다. 어떤 방식으로 해석하는 게 더 맞는지에 대한 정답은 없습니다. 상황에 따른 판사의 선택이 있을 뿐입니다.

증거가 무엇을 의미하는지, 얼만큼 믿을 수 있는지를 판사가 자유롭게 판단할 수 있다는 걸 **자유심증주의**라고 합니다. 물론 판사에게 판단의 자유가 있다고 해서 판사 마음대로 아무렇게나 판결해도 되는 건 절대 아닙니다. 사건의 특성도 고려하고, 다른 증거도 살펴서 상식에 맞고 합리적인 결론을 내려야 합니다.

다시 사건으로 돌아가 볼까요? 1심 법원의 판사는 김수상 씨의 행동이 의심스럽다고 판단했습니다. 2심 법원 판사는 별로 의심스럽지 않다고 판단했죠. 판사라고 해도 모두 똑같이 생각하는 건 아니라는 점을 알 수 있죠?

● 합리적 의심이라는 말

법에 관한 격언이나 유명한 명제를 법언이라고 하는데, 형사소송에 관한 유명한 법언이 있습니다.

"의심스러울 때는 피고인의 이익으로(In dubio pro reo)!"

이 말의 의미를 정확히 이해하려면 **입증책임**을 알아야 합니다. 입증책임이란 어떤 사실을 증명해야 할 때, 그 증명을 누가 할 것인가의 문제입니다. 도대체 이게 무슨 말이냐고요? 예를 들어 설명해 보겠습니다.

승진은 지영에게 500만 원을 빌려줬습니다. 그런데 지영이 돈을 빌릴 때는 한 달 뒤에 갚겠다고 하더니 이제는 말이 다릅니다. 돈을 갚을 생각이 전혀 없는 것 같습니다. 법대로 하라는 지영의 말에 화가 난 승진은 할 수 없이 법원의 도움을 받기로 합니다. 소송을 제기한 것이죠. 돈 문제에 대한 소송이니 승진이 제기하는 소송은 민사소송이겠죠? 소송을 제기한 승진은 원고, 소송을 제기당한 지영은 피고가 됩니다.

민사소송에서는 입증책임이 원고에게 있습니다. 다시 말해서 법원에서 '지영은 승진에게 500만 원을 갚아라'라는 판결을 선고받으려면, 피고 지영이 500만 원을 빌려 갔다는 사실을 원고인 승진이 증명해야 하는 겁니다.

민사소송과 비슷하게 형사소송에서는 검사가 입증책임을 집니다. 앞에서 형사소송에는 원고가 없고, 검사가 원고와 비슷한 역할을 한다고 배웠죠? 즉 피고인이 "나는 무죄입니다"라고 증명해야 하는 게 아니라, 검사가 "저 피고인은 유죄입니다"라고 증명해야 한다는 뜻입니다. 예컨대 물건을 훔친 절도 혐의로 재판을 받는 경우, 검사가 피고인이 물건을 훔쳤다는 걸 밝혀내야지, 피고인이 자신이 물건을 훔치지 않았다는 걸 증명할 필요는 없습니다.

그렇다면 검사는 피고인이 유죄라는 걸 어느 정도까지 입증해야 할까요? 여기에서 형사소송 판결에 자주 사용되는 용어인 합리적 의심이 등장합니다. 형사소송법에서는 '합리적 의심이 없을 정도'로 증명해야 한다고 규정합니다.

판사는 피고인이 범죄를 저지른 게 아닐 수 있다는 의심을 할 수 있습니다. 그런데 그 의심이 허황되지 않고 합리적이라면요? 이는 검사가 범죄를 충분히 증명하지 못한 것이니 피고인에게 무죄가 선고된다는 의미입니다.

"의심스러울 때는 피고인의 이익으로"라는 말은, 피고인이 유죄가 아닐지도 모른다는 합리적 의심이 든다면(즉, 유죄인지 의심스러울 때는) 피고인에게 이익이 되는 방향으로 무죄 판결을 내려야 한다는 뜻입니다.

● 김수상 씨는 어떻게 되었을까

다시 낙지 살인 사건으로 돌아가겠습니다. 2심 법원의 판사는 김수상 씨가 범인이 아닐지도 모른다는 의심을 품었습니다. 구체적으로는 다음과 같은 이유 때문입니다.

첫째, 검사는 김수상 씨가 천 같은 걸로 조다연 씨의 코와 입을 막았다고 주장했는데, 대체로 이런 경우에는 입 주위에 상처가 남습니다. 그런데 조다연 씨의 입 주위에는 상처가 없었습니다. 억지로 숨을 못 쉬게 만든 게 아니라 정말 낙지를 먹다가 목이 막혔을 가능성이 있는 겁니다.

둘째, 조다연 씨는 스스로 원해서 보험에 가입했고, 보험금 수령인을 김수상 씨로 정한 사람도 조다연 씨였습니다. 조다연 씨의 사망 이후 김수상 씨가 거액의 보험금을 받긴 했지만 그렇다고 바로 김수상 씨가 범인이라고 단정하기 어렵습니다.

셋째, 김수상 씨는 조다연 씨와 술을 마시기 전에 자신의 형에게 술을 같이 마시자고 제안했습니다. 하지만 형이 거

절하는 바람에 만남이 성사되지 못했습니다. 만약 김수상 씨가 조다연 씨를 살해할 생각이 있었다면 다른 사람을 부르려고 하지 않았을 겁니다.

2심 법원의 판사는 이런 이유를 들어 김수상 씨에게 무죄를 선고했습니다. 1심은 유죄를, 2심은 무죄를 선고한 것이죠. 3심을 맡은 대법원은 2심 법원의 판단이 맞다는 판결을 내렸습니다. 김수상 씨는 무죄가 확정되었습니다.

법원이 김수상 씨에게 무죄 판결을 선고한 이유는 '김수상 씨가 범인이 아니다'라는 사실에 확신이 있어서가 아닙니다. 좀 수상하긴 해도 김수상 씨가 범인이라는 사실이 충분히 증명되지 못했다고 본 것입니다. 그가 범인이 아닐지도 모른다는 합리적 의심이 없어지지 않은 것이죠.

어떤 사람의 행동이 의심스럽고, 그가 범인인 것 같다는 의혹은 있지만 뚜렷한 증거는 없는 상황을 가정해 봅시다. 이럴 때는 어떻게 하는

> **형사보상 제도**
>
> 아무 죄도 없는데 범인으로 몰려 교도소나 구치소에 갇혀 있었다면 엄청나게 억울하겠죠? 이런 사람들은 국가에 손해를 배상하라고 요구할 수 있는데, 그게 바로 형사보상 제도입니다.

게 좋을까요? 범인일지도 모르니 그냥 처벌하는 게 나을까요, 아니면 무고한 사람일 수도 있으니 풀어 줘야 할까요? 우리 법은 풀어 줘야 한다는 쪽입니다. 범인이라는 의심이 있는 한편, 범인이 아닐지도 모른다는 생각 또한 드는 상황이라면 피고인에게 유리하게 판단하자는 게 우리 법의 태도랍니다.

김변의 한방정리

형사재판에서 판결을 내리려면 제일 먼저 당시에 무슨 일이 일어났는지를 정확하게 알아봐야 합니다. 이때 증거가 중요한 역할을 하지요. 검사는 여러 증거를 제시하며 피고인이 범인이라는 사실을 명확하게 증명해야 합니다. 그런데 피고인이 유죄임을 검사가 충분히 증명하지 못했다면? 판사는 '피고인이 범인이 아닐 수도 있겠다'라는 의심을 하게 됩니다. 그리고 그 의심이 합리적이라면 피고인에게 무죄가 선고됩니다.

120억 원을 기부받았지만 연세대가 돈을 쓰지 못한 까닭은?

● 한 장의 유언장

　오기부(가명) 씨는 100억 원이 넘는 재산을 가진 엄청난 부자입니다. 그는 힘들게 모은 돈을 자신을 위해 쓰는 것도 좋지만, 다른 사람과 사회를 위해 쓰는 것이 더 가치 있다고 생각했습니다. 그는 사회복지 사업에 관심이 많아 관련된 연구원을 설립하여 원장으로 근무하기도 했죠. 또한 학생들의 공부를 돕는 장학 사업에도 애정이 깊어, 모교에 3억 원을 기부하기도 했습니다.

　그런데 오기부 씨가 사망하자 문제가 생겼습니다. 그가

남긴 재산을 둘러싸고 분쟁이 일어난 것이죠.

오기부 씨에게는 자녀가 없고 남은 가족으로는 형제자매만 있었는데, 오기부 씨의 조카인 오정규(가명) 씨는 삼촌의 사망 이후 은행에 갔다가 깜짝 놀랐습니다. 은행의 비밀 금고 안에 오기부 씨의 유언장이 보관되어 있었고, 그 유언장에는 이렇게 적혀 있었거든요.

"본인 유고시 본인 명의의 모든 부동산 및 금전신탁 및 예금 전부를 교육기관인 연세대학교에 한국사회발전기금으로 기부하나이다."

모든 재산을 연세대학교에 기부하겠다는 내용이 적힌 오기부 씨의 유언장을 발견한 오정규 씨와 다른 가족들은 큰 충격을 받았습니다. 오기부 씨의 막대한 재산을 물려받을 기대를 하고 있었으니 놀랄 만도 하죠. 기쁨의 환호성을 지른 건 120억 원이라는 거액을 기부받게 된 연세대학교입니다.

그러나 오기부 씨의 재산을 연세대학교가 가져가려고 할 때 반전이 일어났습니다. 오기부 씨의 가족들이 유언장을 유심히 살펴보다가 한 가지 중요한 사실을 발견한 겁니다.

그건 바로 날인 여부였습니다. 유언장에 오기부 씨의 도장이 안 찍혀 있었던 것이죠. 오 씨의 가족들은 이렇게 주장했습니다.

"도장이 찍혀 있지 않으면 유언장은 무효입니다. 그러니 연세대학교에 기부한다는 내용의 유언장은 효력이 없습니다. 오 씨의 남은 재산은 우리 가족이 가져가야 합니다."

연세대학교가 가만히 있을 리 없죠.

"전 재산을 기부한다는 내용이 유언장에 분명히 적혀 있는데, 도장 하나 빠졌다고 무효라는 게 말이 안 됩니다. 고인의 뜻에 따라 학교가 기부받는 게 맞습니다."

결국 오 씨의 재산을 누가 가지는 것이 맞는지를 둘러싸고 소송이 벌어졌습니다. 법원은 오 씨 가족들의 손을 들어주었습니다. 왜 그랬을까요?

● 사람이 죽으면 벌어지는 일

아무리 돈이 많은 사람도 죽고 나면 빈손이 됩니다. 천국, 지옥, 저승… 어디든 간에 현생의 삶 너머로 재산을 가지고 갈 수는 없는 노릇입니다. 사망한 사람이 가지고 있던 재산은 그 사람이 사망하는 순간 다른 누군가에게로 이전될 수밖에 없습니다.

이렇게 사망한 사람의 재산이 한꺼번에 누군가에게 넘어가는 것을 상속이라고 합니다. 사망해서 자기 재산을 물려주는 사람을 **피상속인**, 그 재산을

> **상속의 종류**
> 유언을 하면 기본적으로 그 사람의 뜻대로 상속이 이뤄집니다(유언에 의한 상속). 하지만 유언을 남기지 않은 경우에는 법에 정해진 대로 상속이 이뤄집니다(법정상속).

물려받는 사람을 **상속인**이라고 합니다. 예를 들어 아버지의 사망으로 딸이 재산을 물려받는 경우, 딸이 상속인이고 아버지가 피상속인입니다.

우리는 흔히 "딸이 아버지의 재산을 상속받았다"라고 표현하곤 하죠. 일반적으로 상속이라는 말은 피동의 뜻을 더

하는 접미사 '받다'와 결합돼 쓰이는 경우가 많습니다. 그래서 사망한 아버지를 상속인으로, 재산을 물려받은 딸을 피상속인으로 잘못 부르기도 하죠. 법적으로는 그 반대가 맞습니다. 재산을 물려주는 사람을 피상속인으로 부르는 것이 법적으로 정확한 표현이지만, 헷갈릴 수 있으니 이 글에서는 그냥 '사망자'라고 부르겠습니다.

상속받을 수 있는 자격이 있는 사람이 여러 명이면 사망자의 재산을 누가 가질지를 두고 분쟁이 생길 가능성이 높습니다. 그래서 민법에는 유산과 관련된 유언이 없을 경우 유산 상속을 받는 순위를 정해 두었습니다.

1순위 상속인은 직계비속인데, 직계비속이란 자녀, 손자·손녀와 같이 사망자보다 늦게 태어난 사람을 말합니다. 2순위 상속인은 직계존속입니다. 직계존속은 부모, 조부모와 같이 사망자보다 먼저 태어난 사람을 의미합니다. 3순위 상속인은 사망자의 형제자매이고, 4순위 상속인은 4촌 이내의 방계혈족입니다. 방계와 직계는 어떻게 다를까요? 직계는 할아버지·할머니−아버지·어머니−아들·딸−손자·손녀와 같이 곧바로 이어지는 관계를 의미합니다. 그에 반해 방계는 형제·조카·고모·삼촌 등과 같이 공통의 조상을 통하여 갈라져서 이어지는 관계를 말하죠.

이렇듯 상속에는 1순위부터 4순위까지가 정해져 있는데, 순위라는 건 '순서'를 의미합니다. 2순위 상속인은 1순위 상속인이 한 명도 없을 때 상속인이 되는 것이죠. 만약 1순위 상속인이 있다면 2순위 상속인은 재산을 받지 못합니다.

상속 순위를 보다 보니 빠진 사람이 한 명 있죠? 바로 배우자입니다. 사망자에게 직계비속 또는 직계존속이 있다면 배우자는 이들과 함께 공동상속인이 됩니다. 만약 직계비속 또는 직계존속이 없으면 배우자가 단독으로 상속인이 됩니다. 직계비속이니 존속이니 용어도 어렵고 관계도 복잡해서 정신이 없죠? 가상으로 홍기준 씨의 가족들을 데려와 설명해 보겠습니다.

홍기준의 아버지는 홍성식, 어머니는 이정숙입니다. 그리고 아내 정미연과 딸 홍지수, 아들 홍민규가 있습니다. 그런데 불의의 교통사고로 인해 홍기준 씨가 사망하는 경우, 누가 상속인이 될까요? 1순위는 홍기준의 자녀(직계비속)인 홍지수와 홍민규입니다. 배우자인 정미연은 자녀와 공동으로 1순위입니다. 상속 1순위가 있기 때문에 2순위인 부모(직계존속) 홍성식, 이정숙은 상속인이 되지 않습니다.

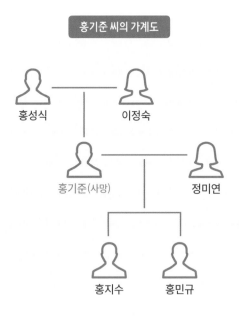

홍기준 씨의 가계도

홍성식 ─── 이정숙

홍기준(사망) ─── 정미연

홍지수   홍민규

● 어떻게 나눠야 할까?

상속인이 누가 되는지 못
지않게 재산을 어떻게 나눌
지도 중요합니다. 이게 무
슨 소리냐고요? 상속인이
1명인 경우에는 그 사람이

> **빚도 상속되나요?**
> 재산뿐만 아니라 빚도 상속됩니다.
> 그럼 부모가 남긴 빚을 자식이 갚아
> 야 하나요? 그렇지는 않습니다.
> 상속을 아예 포기하거나 물려받은
> 재산의 범위 내에서 빚을 갚는 한정
> 승인을 하면 됩니다.

재산을 전부 갖겠지만, 상속인이 여러 명일 경우에는 재산
을 적절하게 나눠 가져야 한다는 이야기입니다. 여러 명의
상속인이 있을 때 각 상속인이 받을 수 있는 재산의 몫 혹은
비율을 **상속분**이라 합니다.

사망자가 자신의 재산을 어떻게 처분할지에 대한 의견을
제시해 놓았을 수도 있습니다. 유언을 통해서죠. 일부 예외
가 있기는 하지만, 원칙적으로는 사망자가 "내 재산을 이렇
게 처리했으면 좋겠다"라고 유언을 했다면 그에 따라 재산
을 나누면 됩니다. 만약 사망자가 유언을 하지 않았다면 어
떨까요? 그때는 상속인들이 재산을 나눌 방법을 함께 협의

하면 됩니다. 그런데 저마다 '내가 더 많은 재산을 가져야 한다'고 주장하기 쉬우니 협의가 잘 안 될 수도 있습니다. 안타깝게도 사망자의 재산을 둘러싸고 가족들끼리 다툼을 벌이는 일은 꽤 흔합니다.

이런 상황을 대비해 법에 상속분이 정해져 있습니다. 원칙은 이렇습니다. 동일한 순위의 상속인이 여러 명인 경우에는 상속분은 똑같습니다. 나이나 성별 등에 따른 차이는 없습니다. 다만 사망자의 배우자는 다른 상속인들보다 50%를 더 받습니다.

앞서 예로 든 홍기준 씨 가족의 상속분을 한번 계산해 보겠습니다. 만약 홍기준 씨가 남긴 재산이 7000만 원인데 홍기준 씨가 유언을 남기지도 않았고, 남은 가족들이 유산에 대해 협의도 하지 않았다면 재산은 어떻게 나눠질까요?

홍기준의 딸 홍지수와 아들 홍민규는 동일한 순위의 상속인으로 상속분이 동일합니다. 정미연은 배우자이니 이들보다 50%를 더 받게 되므로, 정미연 : 홍지수 : 홍민규 =1.5 : 1 : 1의 비율로 상속분이 결정됩니다.

계산하면 정미연은 3000만 원, 홍지수는 2000만 원, 홍민규는 2000만 원을 받는 겁니다. 왜 이 금액이 나왔는지는 아래의 표를 보면 이해가 되겠죠?

	비율	분배율	분배 금액
정미연 (배우자)	1.5	$\dfrac{1.5}{1.5+1+1} = \dfrac{3}{7}$	7000만 원 $\times \dfrac{3}{7}$ = 3000만 원
홍지수 (딸)	1	$\dfrac{1}{1.5+1+1} = \dfrac{2}{7}$	7000만 원 $\times \dfrac{2}{7}$ = 2000만 원
홍민규 (아들)	1	$\dfrac{1}{1.5+1+1} = \dfrac{2}{7}$	7000만 원 $\times \dfrac{2}{7}$ = 2000만 원

● **유언은 어떻게 할까?**

앞에서 유언 이야기가 계속 나왔는데, 유언은 어떻게 하는 걸까요? 유언을 할지 말지, 그 내용을 뭘로 할지는 유언을 하는 사람이 마음대로 정할 수 있습니다. 하지만 유언의 방식은 법에 정해져 있습니다. 유언을 하겠다고 마음먹었다면 반드시 법에 정해진 방식을 따라야 하고, 그 방식을 지키지 않으면 유언에 법적인 효력이 없습니다.

민법에 규정된 유언의 방식은 총 다섯 가지입니다. 이 중에서 가장 간단한 방법은 **자필증서**를 통한 유언인데, 이 방식을 사용하려면 다음과 같은 원칙을 지켜야 합니다.

> **유언의 다섯 가지 방법**
> ① 녹음
> ② 공정증서
> ③ 비밀증서
> ④ 구수증서
> ⑤ 자필증서

첫째, 유언자는 유언의 모든 내용을 자신의 손으로 직접 써야 합니다. 다른 사람에게 유언장을 대신 쓰게 하거나 컴퓨터를 이용해서 서류를 작성하면 자필증서로 인정되지 않습니다.

둘째, 작성한 날짜(연도, 월, 일)와 주소와 성명을 기재해야 하는데 이것도 유언자가 직접 손으로 써야 합니다.

셋째, 날인을 해야 합니다. 날인이란 도장을 찍는 것입니다. 이때 반드시 파서 만든 도장을 사용해야 하는 것은 아니고 손도장인 지장을 찍어도 괜찮습니다.

이 세 가지를 모두 지키면 자필증서를 통한 유언에 법적으로 효력이 생깁니다. 자기 손으로 직접 유언 내용과 날짜, 주소, 이름 등을 쓰고 도장을 찍으면 된다니 엄청 간단하죠? 그렇지만 이렇게 간단해도 지킬 건 지켜야 합니다. 이 세 가지 중 어느 하나라도 빠뜨리면 자필증서를 통한 유언은 법적으로 효력이 없습니다. 유언장은 아무 의미 없는 휴지 조각이 되고 말죠.

다시 오기부 씨의 이야기로 돌아가 봅시다. 이 사건에서 문제가 된 건 바로 세 번째 조건, 날인입니다. 오 씨의 유언장은 다른 요건들은 잘 지켜졌지만 날인은 빠져 있었습니다. 오 씨의 가족들은 이 부분을 지적하며 유언이 무효라고 주장했죠. 연세대는 유언장에 도장 하나 빠졌다고 유언이 무효가 되는 건 지나치다고 반박했습니다. 게다가 만약 유언이 무효가 되서 오기부 씨의 재산이 그의 가족들에게 간다면, 자신의 재산이 장학금으로 사용되길 바란 오 씨의 뜻에 어긋난다는 주장도 덧붙였죠. 이 주장도 상당히 일리가 있어 보입니다. 하지만 법원은 연세대와 다르게 생각했습니다. 왜 그럴까요? 그건 바로 유언이 지닌 고유의 특성 때문입니다.

● 연세대가 기부금을 갖지 못한 까닭은?

일반적인 계약은 체결하자마자 바로 효력이 발생하지만 유언은 다릅니다. 유언은 유언자가 사망한 뒤에 효력이 발생하지요. 유언을 집행할 때 분쟁이 생겨 유언자에게 그 내용을 확인하고 싶어도 그럴 수 없습니다. 죽은 자는 말이 없으니까요.

게다가 유언이 실제로 유언자가 남긴 게 맞는지 의문이 생길 수 있습니다. 특히 자필증서를 통한 유언에서는 문제가 더 커질 가능성이 있습니다. 내 손으로 쓴 건데 뭐가 문제냐고요? 자필증서 유언 이외의 다른 유언 방식들은 모두 유언자 이외에 유언 내용을 확인해 주는 증인이 있어야 합니다. 그런데 자필증서 유언은 증인이 필요 없습니다. 아무 종이에나 자신의 손으로 직접 내용을 쓰고 날짜, 주소, 이름을 적은 뒤 도장만 찍으면 끝입니다. 쓰기 쉽다는 장점이 있지만, 워낙 간단하다 보니 혹시 다른 사람이 유언을 거짓으로 만들어 낸 것이 아닌지 의심하기도 쉽습니다. 그래서 날인 등 최소한의 형식적 요건을 정해 놓고, 이 요건을 모두 충족해야만 법적인 효력이 있다고 인정하는 겁니다.

이런 요건을 정해 놓은 또 하나의 이유는 유언자로 하여금 신중하게 유언하게 하려는 의도도 있습니다. 똑같은 내용이라도 사람들은 보통 말을 할 때보다는 글을 쓸 때 더 조심하게 됩니다. 순간적인 감정에 "나는 내 전 재산을 아내에게만 줄 거야"라고 말하기는 쉽지만, 글로 쓸 때는 다릅니다. "내 전 재산을 아내에게 준다"라고 유언장을 작성할 때는 감정을 가라앉힌 상태에서 한 번 더 생각하고 고민하게 되는 것이죠.

오기부 씨의 유언은 법이 이런 이유에서 정해 놓은 조건을 갖추지 못했습니다. 따라서 오 씨의 유언은 효력이 없다는 것이 법원의 판단입니다. 유언이 효력이 없다는 것은 곧 유언이 없다는 것과 마찬가지입니다. 결국 연세대가 아닌 오 씨의 가족들이 상속인으로서 재산을 갖게 되었습니다.

도장 하나 빠졌다는 이유로 거액의 기부금을 놓친 연세대 입장에서는 법원이 융통성 없이 너무 빡빡하다고 군다고 여길지도 모르겠습니다. 하지만 유언 때문에 생기는 분쟁들을 예방하려면 어쩔 수 없는 일입니다. 원칙을 한번 무너뜨리면 너도나도 원칙을 어길 테고, 나중에는 사태를 걷잡을 수 없어서 아예 원칙이 사라지는 상황이 생길 수도 있습니다. 도장이 없는 자필증서 유언을 괜찮다고 한다면, 날짜나 이름을 안 써도 괜찮은 거 아니냐는 주장도 나오겠죠. 이렇게 계속 나가다 보면 아무 형식을 갖추지 않은 유언도 법적으로 효력이 있다는 결론에 이를 수도 있습니다. 그러면 유언을 볼 때마다 굉장히 혼란스러워지겠죠? 법원은 이런 상황을 막기 위해 유언에 엄격한 잣대를 들이대는 겁니다.

김변의 한정리

누구나 죽고 나면 빈손으로 돌아갑니다. 사망한 사람이 가지고 있던 재산은 누군가에게 넘어갈 수밖에 없는데, 이때 재산을 넘겨받는 사람이 바로 상속인입니다. 법에는 상속인의 순서와 유산을 나누는 방법이 정해져 있습니다. 하지만 유언을 통해 재산을 물려줄 사람과 분배 방식을 정할 수도 있습니다. 유언을 할 때는 법이 정한 요건을 모두 갖춰야 합니다. 하나라도 빠지면 그 유언은 법적인 효력이 없습니다.

우리나라는 왜 술 마시고 저지른 범죄에 관대할까?

● **사악한 범죄를 저지른 조두순**

범죄를 다루는 형사사건은 그 소식을 접하는 사람을 슬픔에 빠트리곤 합니다. 이번에 소개할 이야기는 다른 형사사건보다 특히 더 가슴 아픈 이야기입니다.

김아픔(가명)의 인생은 2008년 12월의 '그날' 이후로 완전히 달라졌습니다. 김아픔은 등교하는 길이었는데 어떤 남자가 김아픔을 불러 세웠습니다. 남자는 김아픔을 교회 화장실로 끌고 갔습니다. 그곳에서 남자는 인간으로서 도저히 해서는 안 될 나쁜 짓을 저질렀습니다. 김아픔에게 성폭행을 시도한 것이죠. 김아픔이 거부하자 주먹으로 얼굴을 여러 번 때리고, 목을 졸라 기절시킨 뒤 성폭행했습니다.

결과는 참혹했습니다. 김아픔은 즉시 수술하지 않았다면 생명이 위험했을 정도로 큰 부상을 당했고, 치료를 했음에도 불구하고 몸에 영구적으로 남는 상처를 입었습니다. 신체적 고통뿐만이 아닙니다. 어린 나이의 김아픔이 겪은 정신적 고통은 이루 말할 수 없는 지경이었습니다. 당시 김아픔은 여덟 살이었습니다.

김아픔에게 이토록 야만적이고 사악한 범죄를 저지른 사람이 바로 조두순입니다. 조두순은 붙잡혀서 재판을 받았는데, 재판을 받는 동안에도 반성하기는커녕 뻔뻔하게 거짓말로 일관하는 태도를 보였습니다. 처음에는 범행 현장에 간 적이 없다고 말하거나 기억이 안 난다고 변명했죠. 나중에는 말을 바꿔 "범행 현장에 간 건 맞지만 내가 아니고 다른 사람이 범죄를 저질렀다. 나는 범죄와 상관이 없다"고 발뺌하기까지 했습니다.

하지만 조두순이 범인이라는 증거는 차고 넘쳤습니다. 범죄가 발생한 화장실 문틀에서 조두순의 지문이 발견되었고, 조두순의 운동화와 양말에는 피해자 김아픔의 피가 묻어 있었습니다. 조두순은 범죄 발생 이후 자신의 아내에게 "사고를 쳤다"고 말하기도 했습니다. 무엇보다 가장 명백한 증거는 피해자 김아픔의 증언입니다. 김아픔은 조두순의 사진을 보자 이 사람이 자신에게 나쁜 짓을 한 사람이 맞다고 정확하게 지목했습니다.

법원은 이러한 증거들을 바탕으로 조두순이 범인이 맞다고 판단해 그에게 징역 12년을 선고하였습니다. 법원이 조두순에게 유죄를 선고했지만, 많은 사람들이 이 판결에 불만을 토로했습니다. 왜일까요?

조두순이 저지른 범죄에 비해 징역 12년이라는 형벌은 너무 약하다는 생각이 들었기 때문입니다. 법원은 조두순이 원래 받아야 할 형량보다 적은 징역 12년을 선고했습니다. 그가 술을 너무 많이 마셔 제정신이 아닌 상태였다는 게 이유였죠. 이에 대한 비판이 매우 많았습니다. 술 마시고 범죄를 저질렀다고 해서 죄를 가볍게 처벌하는 게 말이 되냐는 비판들이었죠.

　법원은 조두순에게 왜 그런 판결을 내린 것인지, 그 판결에 아쉬운 점은 없는지 알아보겠습니다.

● 책임이라는 말

　안도현 시인은 「만년필 잉크 냄새」란 자신의 에세이에서 만년필과 연필을 대비하며 '책임'의 중요성을 말한 바 있습니다. 만년필로 글씨를 한번 쓰면 더 이상 고칠 수 없는 것처럼 한번 일어난 일은 다시 돌이키기 어렵다는 것이지요. 어떠한 행동을 하기 전에는 그 행동의 결과를 잘 생각해 보아야 합니다. 결과에 대한 책임을 져야 하니까요.

　책임은 일상생활뿐 아니라 형법에서도 중요합니다. "책임이 없으면 형벌도 없다"라는 말이 있습니다. 범죄가 성립되려면 **'책임'**이 있어야 한다는 뜻이죠. 달리 말하면, 책임이 없으면 나쁜 짓을 해도 형법에서 말하는 '범죄'에 해당하지 않으니 처벌받지 않는다는 것입니다. 도대체 이게 무슨 말이냐고요?

예를 들어 볼까요? 포크는 음식을 먹을 때 유용한 도구이지만 끝이 뾰족해서 자칫하면 위험한 무기로 돌변할 수도 있습니다. 포크로 옆에 있는 사람을 찔러서 다치게 하면 상해죄로 처벌받을 겁니다. 그런데 만약 포크로 옆 사람을 찌른 사람이 한 살배기 아이라면 어떨까요? 아이가 식당에서 포크를 가지고 놀다가 아무 생각 없이 옆에 있던 손님을 찔렀는데, 손님이 다쳤으니 그 아이를 상해죄로 처벌해야 한다고 하는 사람은 아마 없을 겁니다. 한 살배기 아이는 자신의 행동이 어떤 의미인지 판단할 능력이 없다는 것을 다들 아니까요.

일반적인 의미의 책임은 '맡아서 해야 할 임무나 의무'이지만 형법적인 의미는 조금 다릅니다. 형법적으로 책임은 '위법한 행위에 대하여 행위자를 탓할 수 있는 가능성'을 뜻합니다. 좀 복잡하죠? 풀어 얘기하자면, '당신은 법에서 금지하는 행위를 안 할 수 있었는데, 왜 그러한 위법한 행위를

저질렀는가?'라고 행위자를 비난할 수 있어야 책임이 인정
된다는 뜻입니다.

포크로 사람을 찌른 아기는
사실 아무것도 모르기 때문에
'너 왜 그랬어?'라고 비난하기
가 어려우니, 아이에게는 **책임**
이 없다고 보는 겁니다.

> **책임조각**
> 법에서 말하는 조각(阻却)은 '없
> 앤다'는 의미입니다. 즉, 책임조
> 각은 책임이 없다는 뜻이죠. 한
> 살배기 아이처럼 책임질 능력이
> 없는 사람의 경우에는 책임이
> 조각되어 죄가 되지 않습니다.

이와 같은 책임 개념은 인간이 자유롭게 행동할 수 있는
의지인 자유의사를 가진다는 걸 전제로 합니다. 인간이 자
유의사를 얼마나 가지는지는 기본적으로 철학적 문제이기
는 하나, 법학에서도 약간의 논쟁이 있습니다.

어떤 학자들은 인간에게는 자유의사가 없고, 범죄는 범죄
자가 본래 타고난 성질이나 그를 둘러싼 사회적 환경에 영
향을 받아서 일어난다고 주장합니다. 그들의 주장에 따르
면, 범죄자는 본성이나 사회적 환경에 따라 행동한 것에 불
과하므로 범죄자를 비난하는 것은 말이 되지 않습니다.

하지만 이건 소수 의견입니다. 인간의 행동이 타고난 성

격이나 외부 환경의 영향을 받기는 하지만, 그 영향이 절대적이거나 결정적이지는 않습니다. 누구나 어느 정도는 자유롭게 스스로의 행동을 결정하고, 자신의 의사에 따라 행동하니까요.

● 심신상실? 심신미약?

책임을 질 수 있는 능력, 다르게 표현하면 스스로의 판단에 따라 자유롭게 행동할 수 있는 능력을 **책임능력**이라고 부릅니다. 형법에서는 만 14세 이상의 사람은 책임능력이 있다고 봅니다. 일반적으로는 누구나 책임능력을 가지는 셈이죠. 하지만 예외적으로 책임능력이 없는 사람도 있는데, 대표적인 경우가 심신상실자입니다.

심신상실자는 신체와 정신에 문제가 있어 합리적인 판단을 전혀 할 수 없는 사람을 뜻합니다. 예컨대 정신질환을 심하게 앓고 있는 사람을 생각하면 됩니다. 어머니가 자신의 딸을 죽인 사건에서 법원이 어머니에게 무죄를 선고한 일이 있었습니다. 어머니는 개가 악귀에 씌었다는 망상에 사로잡혀 개를 죽였는데, 악귀가 딸에게 옮겨 갔다며 딸마저 죽였습니다. 법원은 그때 어머니의 상태를 심신상실이라고 본 겁니다.

심신상실자가 한 행동은 처벌하지 않지만 그렇다고 그 사람을 가만히 놔두는 건 아닙니다. 그대로 방치하면 본인뿐만 아니라 다른 사람도 위험할 수 있으니까요. 그래서 심신상실자를 치료감호소라는, 병원 비슷한 시설에 강제로 입원시킵니다. 이곳에서 치료를 받게 하면서 심신상실자를 사회에서 격리시키는 것이죠.

> **치료감호소에는 몇 명이?**
> 법무부의 통계에 따르면, 2017년에 치료감호소에 수용된 사람은 1,101명(약물중독 49명, 성적장애 98명, 심신장애 954명)입니다.

심신상실자와 비슷한 사람으로 **심신미약자**가 있습니다. 심신미약자는 신체와 정신에 문제가 있어 합리적인 판단을 할 수 있는 능력이 부족한 사람을 뜻하는 말입니다. 그럼 심신미약자와 심신상실자의 차이는 무엇일까요? 심신상실자는 합리적인 판단을 할 수 있는 능력이 '전혀' 없는 사람인 반면, 심신미약자는 능력이 아예 없는 건 아니지만 보통 사람에 비해서는 그 능력이 '많이 부족한' 사람입니다.

이 둘의 행동에 대한 법적인 효과도 각각 다릅니다. 심신상실자의 행동은 처벌하지 않지만, 심신미약자의 행동은 아예 처벌하지 않는 건 아닙니다. 다만 보통 사람의 경우보다 다소 약하게 처벌할 수는 있습니다.

● 조두순은 왜 감형을 받았나?

흔히 '술 먹고 범죄를 저지르면 형벌이 깎인다'는 것을 주취감형이라고 부릅니다. 청와대 국민청원 게시판에는 주취감형 법률 조항을 폐지해 달라는 청원이 게시되었고, 21만 명가량의 국민이 이 청원에 동의하기도 했습니다. 하지만 엄밀히 말해서 형법에 '술 마시고 저지른 범죄는 약하게 처벌한다'는 규정은 없습니다. 다만 술에 많이 취한 상태에서 범죄를 저질렀을 때 그 사람을 심신미약으로 봐서 형벌을 다소 깎아 주는 경우가 있는데, 대표적인 사례가 조두순 사건인 겁니다.

조두순 사건을 접한 사람들은 "술을 마셨다고 가볍게 처벌하는 게 말이 되느냐" "그럼 앞으로 범죄를 저지르려면 술부터 마셔야 되겠네"와 같은 비판적 반응을 보였습니다. 조두순 사건이 안긴 충격이 워낙 컸기에, 사람들의 분노가 충분히 이해됩니다. 하지만 문제를 해결하고 비슷한 범죄가 다시 일어나는 걸 막으려면 감정적 분노 못지않게 이성적 성찰도 중요합니다.

우선 '범죄를 저지르기 전에 술을 마셔서 심신미약이 되면 형벌을 약하게 받을 수 있겠군'이라는 생각은 잘못되었습니다. 이건 심신미약 제도를 악용하는 대표적인 사례입니다. 우리 법은 범죄를 저지를 것을 예상한 상태에서 일부러 심신미약이 된 경우에는,

> **'나는 심식미약'이라는 꼼수**
> 법학에서는 스스로 심신미약에 빠져 범죄를 저지르는 걸 '원인에 있어서 자유로운 행위'라고 부릅니다. 본인이 직접 원인을 만들었다는 거죠.

비록 범죄를 저질렀을 때 심신미약이었더라도 처벌을 약하게 하지 않도록 정해 놓았습니다. 꼼수를 쓰는 걸 차단하는 셈이죠.

그렇다면 범죄를 저지르기 위해 일부러 술을 마신 게 아니라, 술에 취한 상태에서 우연히 범죄를 저지른 경우에 약하게 처벌하는 건 어떨까요? 술 먹고 죄지은 게 뭐 잘한 일이라고 약하게 벌을 주느냐는 주장도 충분히 일리가 있습니다. 하지만 다르게 생각해 보면 어느 정도 이해되는 측면도 있습니다.

술은 정신을 잃지 않을 정도로만 적당히 마셔야 하고, 술을 마시고 나서 자신이 한 행동에 대해서도 분명히 책임을 져야 합니다. 하지만 '적당히 마시는 수준'을 지키는 게 생각보다 어려울 때도 있습니다. 술에 취하면 마음이 느슨해지고, 느슨해진 마음은 더 많은 술을 부릅니다. 물론 술에 취했다고 해서 범죄가 정당화되는 건 결코 아닙니다. 그렇지만 멀쩡한 정신일 때 저지른 범죄보다 술을 마시고 저지른 범죄를 봐주는 경향이 있는 건 그 범죄가 우발적인 범죄일 가능성이 높아서입니다.

범죄에 대한 형벌을 정할 때, 법원은 범행의 결과 못지않게 그 과정도 중요하게 고려합니다. 똑같은 결과라도 범죄가 일어난 과정에 따라 다른 형벌을 내리기도 하죠. 따라서 형벌의 종류를 결정할 때 고려하는 기준 중 하나가 '그 범죄가 계획적으로 발생한 것인지, 아니면 우발적으로 일어난 것인지'입니다. 이 기준이 어떻게 적용되는지 살인 사건을 예로 들어 볼까요?

오불화(가명) 씨는 남편과 사이가 매우 안 좋습니다. 사사건건 자기 말에 반대만 하고 자신을 깔보는 남편을 보고 있으면 화가 머리끝까지 날 때가 한두 번이 아닙니다. 미움을 주체할 수 없었던 오불화 씨는 남편을 죽여야겠다는 나쁜 마음을 먹고 말았습니다. 그때부터 오불화 씨는 남편을 살해하기 위한 준비에 돌입했습니다. 미리 살해 도구를 준비하고 적당한 때와 장소를 모색했죠. 그리고 결국 범죄 계획을 실행에 옮겼습니다.

주가련(가명) 씨 역시 남편과의 사이가 좋지 않습니다. 그녀의 남편은 하고한 날 술을 마시고 도박을 합니다. 남편은 도박판에서 돈을 크게 잃은 날이면 인사불성이 된 상태로 집에 들어와 주가련 씨에게 무자비한 폭력을 가합니다. 인정사정없는 폭력을 당한 어느 날, 주가련 씨는 고통을 잊기 위해 술을 마셨습니다. 술을 마시고 보니 남편에게 분노가 치밀어 더 이상 이 고통 속에서 살 수 없다는 생각이 불쑥 일었습니다. 그녀는 순간 정신을 잃고 집에 있던 부엌칼로 남편을 찔렀습니다.

가상의 상황이지만 오불화 씨와 주가련 씨의 행동은 모두 비난받아 마땅한 범죄입니다. 하지만 둘 중에서 누가 더 나쁜지 골라 보라고 하면 아마 대부분의 사람들이 오불화 씨를 선택할 겁니다. 순간적인 감정에 치우쳐 저지른 범죄보다 치밀하게 준비한 범죄가 더 잔혹하게 느껴지니까요.

술을 마시고 저지른 범죄를 말짱한 정신일 때 저지른 범죄보다 약하게 처벌하는 경우가 있는 건, 그 행동이 나쁘지 않아서가 절대 아닙니다. 자신의 행동이 어떤 의미를 지니는지 제대로 알 수 없는 상태에서 충동적으로 저지른 범죄는, 모든 상황을 제대로 아는 상태에서 계획적으로 저지른 범죄보다는 조금은 '덜 나쁘게' 볼 수 있지 않느냐는 생각이 깔려 있기 때문입니다.

● 그럼에도 남는 아쉬움들

그렇지만 조두순 사건의 판결에 문제가 없는 건 아닙니다. 사건에 따라서 심신미약을 인정해야 하는 상황이 있고, 심신미약인 경우에는 다소 가볍게 처벌할 필요성도 있겠습니다. 하지만 조두순 사건이 그 경우였는지는 의문입니다. 조두순에게 징역 12년 형을 선고한 법원의 판결문을 유심히 살펴보아도 그를 심신미약이라고 판단한 근거가 잘 드러나 있지 않습니다. 단순히 "술에 취하여 사물을 변별하거나 의사를 결정할 능력이 미약한 상태"라고 짧게 표현되어 있을 뿐입니다.

판결문에 모든 내용을 다 세세하게 적기는 어렵겠지만, 그래도 심신미약을 인정해서 형벌을 약하게 내리는 건 매우 중요한 문제이므로 이러한 판단을 한 근거를 충분히 제시해야 합니다. 법원에서 면밀하게 검토를 했을 수도 있지만, 충분한 고민 없이 "술에 취해서 그런 거니 좀 봐주지 뭐" 하며 단순하게 생각한 건 아닌지 모르겠습니다.

조두순에 대한 판결은 이미 선고되었고, 재판도 모두 끝났습니다. 징역 12년을 선고받은 조두순은 2020년이 되면 교도소에서 나와 사회에 복귀합니다. 사건을 다시 재판해서 징역 12년을 무기징역으로 바꿔야 한다고 주장하는 사람들도 있지만, 현재의 법 제도에서는 불가능합니다. 판결이 확정되었더라도 그 판결에 큰 문제가 있으면 다시 재판을 하는 재심 제도가 있기는 합니다. 하지만 재심 제도는 유죄 판결을 받은 사람이 무죄 판결을 받기 위해 하는 것이지, 이미 받은 형벌을 높이기 위한 제도가 아닙니다.

조두순 사건만 보면 술을 마시고 저지른 범죄에 심신미약이 인정되는 게 쉬울 것 같지만, 사실 이건 예외적인 편입니다. 실제 형사소송에서 심신미약을 주장할 때는 매우 조심해야 합니다. 심신미약이 인정될 가능성이 높지 않을 뿐더러, 부당하게 낮은 처벌을 받으려고 한다는 나쁜 인상을 법원에 줄 수 있습니다. 오히려 더 높은 처벌을 받을 수도 있는 것이죠.

또한 현재는 법이 개정되어서 심신미약이 인정될 가능성이 더욱 낮아졌습니다. 예전 형법에는 범죄자가 심신미약이면 반드시 가볍게 처벌해야 한다고 규정되어 있었습니다. 그런데 이른바 '강서구 PC방 살인 사건'을 계기로 심신미약에 관한 형법 규정이 바뀌었습니다.

PC방 손님 김성수가 휘두른 칼에 그곳 직원이 무참히 살해당한 사건인데, 이 안타까운 소식에 많은 국민들이 큰 슬픔을 느꼈습니다. 게다가 김성수 측이 김성수가 우울증으로 치료를 받은 적이 있다고 주장하면서 국민들의 분노가 폭발했습니다. 혹시 심신미약을 주장해서 형벌을 깎으려는 것 아니냐는 의심이 들었던 겁니다.

이에 따라 심신미약이면 무조건 형벌을 깎아 주는 현행 법에 비판적인 여론이 늘었고, 국회는 2018년 12월에 법을 바꿨습니다. 이제는 심신미약이라고 해서 반드시 처벌 수위를 낮춰야 할 필요가 없어졌습니다. 약하게 처벌할 수도 있고, 그렇지 않을 수도 있습니다. 또한 법원도 술을 마시고 저지른 성범죄에 대해 약하게 처벌하지 않겠다는 태도를 보여 주고 있습니다.

조두순 사건 이후 법률이 개정되고, 법원의 태도가 바뀐 건 그나마 불행 중 다행입니다. 하지만 조두순으로 인해 극심한 고통을 겪었을 피해자와 그 가족들을 생각하면, 조금이라도 더 빨리 법과 제도가 바뀌었다면 좋지 않았을까 하는 안타까움이 남습니다.

김변의 한방정리

범죄를 저지르면 그에 합당한 처벌을 받는 게 맞지만, 책임질 능력이 없는 사람까지 처벌하는 건 너무 가혹합니다. 그래서 우리 법은 정상적인 사고와 판단을 아예 할 수 없는 사람(심신상실자)은 형사적인 처벌을 면해 주는 대신, 치료를 받게 합니다. 또한 정상적인 사고와 판단을 하는 능력이 많이 부족한 사람(심신미약자)에 대한 처벌은 약하게 할 수도 있습니다. 술에 취한 사람을 심신미약자로 봐서 처벌을 약하게 하는 경우가 종종 있지만, 술에 취했다고 무조건 봐주는 건 아니라는 점도 명심하세요.

민중은 개돼지라고 막말한 공무원이 잘리지 않은 까닭은?

● 민중을 개돼지에 비유한 공무원

영화 〈내부자들〉은 언론사와 재벌 기업의 부적절한 관계를 다룹니다. 그 영화에서 언론사의 논설위원은 재벌 회장에게 이런 말을 합니다.

"어차피 대중은 개돼지입니다. 뭐 하러 개돼지한테 신경을 쓰고 그러십니까. 적당히 짖어 대다 알아서 조용해질 겁니다."

대중을 비하하는 아주 저급한 표현이 가득 찬 대사죠? 그런데 이와 비슷한 상황이 현실에서도 벌어졌습니다. 2016년

7월, 교육부 고위 간부 3명과 기자 2명이 함께 저녁 식사를 하기 위해 모였습니다. 이 자리에 있던 교육부 고위 공무원 나향욱 씨는 다음과 같은 말을 했다고 전해집니다.

"나는 신분제를 공고화해야 한다고 생각한다. 민중을 개돼지로 보고 먹고살게만 해 주면 된다. 신분이 정해져 있으면 좋겠다. 미국을 보면 흑인이나 히스패닉, 이런 애들은 정치니 뭐니 이런 높은 데에 올라가려고 하지도 않는다. 대신 상·하원… 위에 있는 사람들이 걔들까지 먹고살 수 있게 해 주면 되는 거다."

당시 나향욱 씨는 교육부에서 주요 업무 계획을 수립하고 국정 과제를 점검하는 정책기획관으로 근무하고 있었습니다. 대한민국의 교육 정책을 책임지는 고위 공직자가 이런 말도 안 되는 소리를 했으니, 기자가 가만히 있을 리 없습니다. 기자가 그게 무슨 소리냐고 다시 물었지만, 나향욱 씨는 자신의 발언을 취소하지 않았습니다.

기자는 당장 다음 날 나향욱 씨의 발언을 기사로 보도했습니다. 당연히 난리가 났습니다. "민중은 개돼지"라는 막

말이 국민들을 분노케 했습니다. 사태가 심상치 않다고 느낀 나향욱 씨는 그런 의도로 말한 게 아니었다고 뒤늦게 해명하며 '죽을죄를 지었다'고 사과했지만 분노한 민심은 쉽게 가라앉지 않았습니다.

나향욱 씨가 소속되어 있던 교육부는 가만히 있어서는 안 된다고 판단했습니다. 나 씨가 공무원으로서 해서는 안 될 말을 했다는 이유를 들어 나 씨의 공무원 직위를 빼앗는 파면 처분을 했죠. 하지만 나향욱 씨는 자신이 받은 파면 처분이 부당하다고 생각해 소송을 제기했습니다.

소송 결과는 어땠을까요? 법원은 나향욱 씨의 손을 들어주었고, 나향욱 씨는 교육부로 복귀하였습니다. 그가 제기한 소송은 무엇이며, 법원은 도대체 왜 그런 판단을 내린 걸까요?

● 국가가 하는 일에 소송을 걸 수 있다고?

학교를 지어 학생들을 가르치고, 도로를 정비하고, 군인들이 나라를 지키는 일 등과 같이 국민이 윤택하고 평화롭게 지낼 수 있도록 하는 국가의 활동을 **행정**이라고 합니다. 행정 업무를 맡은 주체를 행정부 또는 정부라고 하죠.

행정부가 하는 일은 경제 정책을 수립하는 일처럼 국민 전체에게 영향을 미치는 것도 있지만, 개개인에게 영향을 끼치는 것도 있습니다. 예를 들면, 식당을 운영하는 사람이 유통 기한이 지난 재료를 사용하면 구청이 그 사람의 식당 영업을 정지시키는 처분을 내리는 경우가 그렇습니다.

국가나 지방자치단체가 행정의 목적을 실현하기 위해 벌이는 다양한 활동을 **행정작용**이라고 합니다. 행정작용 중에는 건축 허가와 같이 국민에게 유리한 영향을 미치는 것도 있지만, 불리한 영향을 미치는 것도 있습니다. 앞에서 예로 든 식당의 사례처럼, 식당을 운영하는 사람이 영업정지 처분을 받으면 일시적으로 식당 문을 닫아야 되니 개인이 매우 큰 피해를 볼 수 있는 것이죠.

이렇듯 행정작용으로 오는 불이익 때문에 그 처분을 그대로 받아들이기 힘들면 어떻게 해야 할까요? 법적인 분쟁을 해결하는 절차인 소송이 있으니, 소송을 제기하면 되는 것 아니냐고요? 맞습니다. 행정작용에 불만이 있을 때 제기하는 소송을 **행정소송**이라고 합니다.

행정소송을 제기할 수 있다는 사실은 오늘날의 상식으로 보면 아주 당연하지만, 그 역사는 생각보다 길지 않습니다. 과거에 국민은 그저 국가의 지배를 받는 객체로 여겨졌습니다. 국민은 국가가 하는 일에 무조건 따라야 한다고 생각했습니다. 이러한 생각의 바탕에는, 관리는 높고 귀하며 백성은 낮고 천하다고 여기는 관존민비의 사상이 깔려 있습니다. 그래서 국가가 하는 일에 소송을 제기하는 건 감히 상상하기도 어려웠죠. 하지만 지금은 다릅니다. 국민이 국가의 주인이라는 사실이 상식인 시대입니다. 국가가 하는 일도 얼마든지 소송을 통해 잘잘못을 따져 볼 수 있습니다.

● 행정작용을 할 때 지켜야 하는 것들

모든 국민이 법을 지켜야 하듯, 국가도 당연히 법을 지켜야 합니다. 다시 말해, 국가의 모든 행정작용은 법률을 위반하면 안 됩니다. 법률을 위반하지 않고 행정작용을 한다는 건 무슨 의미일까요?

먼저 행정작용의 근거가 되는 법률을 지켜야 합니다. 음주 운전을 한 사람의 운전면허를 취소하는 경우를 생각해봅시다. 운전면허 취소 처분의 근거가 되는 법은 도로교통법에 규정되어 있지요. 이 법에 따르면 '술에 만취한 상태'에서 운전을 하면 면허가 취소됩니다. 하지만 이렇게만 정해두면 '만취한 상태'가 어느 정도를 뜻하는지 애매합니다. 그래서 법에 그 기준을 혈중 알코올 농도 0.1% 이상으로 정해놨죠. 설령 술을 마시고 운전을 했을지라도 혈중 알코올 농도가 0.1% 이상이 아니면 운전면허를 취소할 수 없습니다. 만약 혈중 알코올 농도가 0.01%인데 운전면허를 취소했다면 이 행정작용은 도로교통법에 위반됩니다. 그러니까 위법한 행정작용이 되는 것이죠.

그럼 행정작용의 근거가 되는 법률만 지키면, 그걸로 충분할까요? 아닙니다. 개별 법률에 규정돼 있지는 않더라도 행정작용을 할 때 지켜야 하는 일반 원칙들이 있습니다. 그 중에서 가장 대표적인 **비례의 원칙**을 살펴보겠습니다.

비례란 한쪽의 양이나 수가 증가하는 만큼 그와 관련된 다른 쪽의 양이나 수도 증가하는 걸 뜻합니다. 비례의 원칙에서 비례 관계에 있는 건 '목적과 수단'입니다. 일반적으로 강력한 수단을 사용하면 조금 더 큰 목적을 달성할 수 있습니다. 하지만 목적 달성을 위해서 수단을 아무렇게나 사용해서는 안 되고, 그 정도가 적정해야 한다는 것이 이 원칙의 내용입니다. 예를 들어 볼까요?

중학생인 진구는 모바일 게임에 푹 빠져 있습니다. 스마트폰을 아예 손에서 놓지 않습니다. 아침에 일어나서 밤에 잠을 잘 때까지 시선은 온종일 스마트폰 화면에 있죠. 진구 엄마는 이 상황이 몹시 걱정됩니다. 적당히 하면 좋은데, 그렇지 않고 게임 중독이 되는 건 아닌가 싶어서요. 진구 엄마의 목적은 '진구가 모바일 게임 중독에서 벗어나 스마트폰을 적절히 쓰게 만드는 것'입니다. 이 목적을 달성하는 방법으로 다음과 같은 것들을 생각해 볼 수 있습니다.

❶ 스마트폰을 아예 없앤다.

❷ 스마트폰을 사용하기 전에는 항상 엄마의 허락을 받게 한다.

❸ 모바일 게임을 할 수 있는 시간을 미리 정해 놓고, 그 시간에만 게임을 하게 한다.

목적만 생각하면 첫 번째 방법이 가장 확실해 보입니다. 하지만 세 번째 방법만으로 목적을 이룰 수 있다면, 첫 번째 방법은 너무 과도한 수단이라고 볼 수 있습니다.

아이돌 그룹 트와이스의 〈TT〉라는 노래에 "이런 내 맘 모르고 너무해 너무해"라는 가사가 있습니다. 일정한 정도나 한계를 넘어 지나친 상황을 접할 때 쓰는 말이 '너무하다'죠. 비례의 원칙을 쉽게 표현하면 '너무해 금지의 원칙'이라고 할 수 있을 것 같습니다. 좋은 목적을 달성하기 위해 노

력하는 건 좋지만 그 수단이 일정한 정도나 한계를 넘어서
는 안 된다는 겁니다.

● 나향욱 씨가 잘리지 않은 이유

나향욱 씨는 행정소송을 제기했고, 이겼습니다. 법원은
나향욱 씨의 행동에 문제가 없다고 봤을까요? 아닙니다. 법
원은 나향욱 씨의 발언에 문제가 있으니 징계를 하는 게 정
당하다고 판단했습니다. 다만 '징계를 어느 수준까지 할 것
인가'가 문제였죠.

국가공무원법에 정해진 공무원 징계의 종류는 파면·해
임·강등·정직·감봉·견책으로, 총 여섯 가지입니다. 파면과
해임은 공무원을 자리에서 물러나게 하는 일종의 해고 조치
입니다. 둘 다 공무원 자격을 잃게 된다는 점에서는 동일합
니다. 하지만 파면이 되면 퇴직금이나 퇴직연금이 대폭 깎
입니다. 해임되었을 때보다 훨씬 적은 연금을 받고, 나중에

다시 공무원이 되는 데에도 어려움이 있습니다. 강등은 계급을 한 단계 아래로 내리는 것입니다. 정직은 약 1~3개월 동안 일을 하지 못하게 하고 돈을 주지 않는 것이죠. 견책은 잘못을 반성하게 만드는 조치입니다. 즉, 파면이 가장 강력한 징계이고 **견책**이 가장 약한 징계인 겁니다.

> **견책**
> 견책 처분을 받으면 그 사실이 인사 관리 기록에 남습니다. 또한 국가공무원의 경우, 견책 처분을 받은 이후부터 일정 기간 동안에는 승진이 되지 않는 불이익이 있습니다.

법원은 나향욱 씨가 저녁 식사 자리에서 술을 마신 상태로 발언한 것이고, 자신의 발언을 사과했으며, 그가 23년 넘게 공무원으로 성실하게 근무한 점을 고려해 파면하는 건 지나치다고 봤습니다. 교육부가 나향욱 씨를 파면한 주된 이유 중 하나는 그의 발언이 언론에 보도되면서 세간에 많이 알려졌기 때문입니다. 이 발언이 사회에 미친 영향을 신경 써야 하는 건 맞지만, 언론에 보도되었다는 점을 지나치게 고려해선 안 된다는 것이 법원의 입장입니다. 즉, 교육부가 나향욱 씨에게 한 파면 처분은 비례의 원칙에 위반되어

위법한 행정작용이라는 이야기입니다.

직업은 생계를 유지해 줍니다. 직장에서 번 돈으로 생활에 필요한 물건을 구입하고, 음식을 사고, 자녀의 교육비를 지출합니다. 돈이 없으면 정상적인 생활이 힘들어지죠. 한 개인만이 아니라 한 가정이 흔들릴 수 있습니다. 사람이 돈만으로 사는 건 아니지만 돈 없이 살기는 어렵습니다.

직업의 일차적인 기능은 생계에 필요한 돈을 버는 것이지만, 직업이 단순히 돈을 벌기 위한 수단으로서만 의미 있는 건 아닙니다. 자신이 하는 일을 통해 자아를 실현할 수 있고, 사회에 기여하고 있다는 뿌듯함과 생활의 활력을 느낄 수도 있습니다. 직업이 사람의 자존감과 자긍심의 뿌리가 되기도 하는 겁니다.

그래서 보통의 직장인에게 직업을 잃는 일은 엄청난 사건입니다. "해고는 살인이다"라는 말이 있을 정도입니다. 갑작스러운 실직이 사람에게 얼마나 큰 고통과 충격을 주는지를 함축적으로 표현하는 말이지요. 직업 상실이 가져오는 엄청난 후폭풍을 고려하면, 해고 여부는 최대한 신중하게 판단해야 합니다. 아마 법원이 나향욱 씨를 자른 교육부의 처분을 위법하다고 본 것도 이런 고려를 했기 때문일 겁니다. 나향욱 씨에 대한 징계는 파면에서 강등으로 낮춰졌습니다.

● 2400원 vs "민중은 개돼지"

법원의 판단이 이해되긴 하지만, 한편으로 고개가 갸우뚱해집니다. 첫 번째 의문은 발언의 내용과 관련됩니다. 사람은 누구나 실수를 합니다. 그러나 실수라고 항상 용서가 되는 건 아니고 그 실수에 책임을 져야 합니다. 나향욱 씨의 막말은 실수라고 생각할 수도 있죠. 하지만 그 발언 과정을 보면 단순한 실수가 아니라 본인의 평소 가치관을 드러낸 것으로 볼 수도 있습니다.

모든 사람이 평등하며 국민이 국가의 주인이라는 사실은 헌법에 나와 있을 뿐만 아니라, 보통의 사고를 가진 사람이 신분제?
과거에는 양반, 천민 같은 신분이 있었죠. 지금은 신분제가 없고 법적으로도 당연히 허용되지 않습니다. 헌법도 "사회적 특수 계급의 제도는 인정되지 않는다"라고 분명히 밝히고 있습니다.

라면 이의를 제기하기 어려운 상식 중의 상식입니다. 그런데도 국민을 계급이나 신분으로 나누고, '낮은 계급과 신분의 사람들'을 가축 취급하는 태도는 도저히 받아들일 수 없습니다. 특히 그는 국민이 낸 세금으로 월급을 받고 국민을 위해 봉사하는 고위 공무원입니다. 아무리 실수라고 해도 이 발언은 너무 심하다는 생각이 듭니다. 그 발언으로 상처받은 국민의 마음과 공직자에 대한 신뢰가 상당히 떨어진 사정을 법원이 조금 더 고려해야 하지 않았을까요.

두 번째로 드는 의문은 다른 사건과의 형평성과 연관됩니다. 모든 사건은 각각의 개별적인 사정이 있기 때문에, 겉으로 보기엔 비슷해 보여도 완전히 똑같지는 않습니다. 그래서 다른 사건과 비교를 하는 건 조심해야 하지만 본질이 비슷한 사건은 비교해 볼 수 있습니다. 이 사건과 결과가 극명히 대비되는 '2400원 버스 기사 해고 사건'입니다.

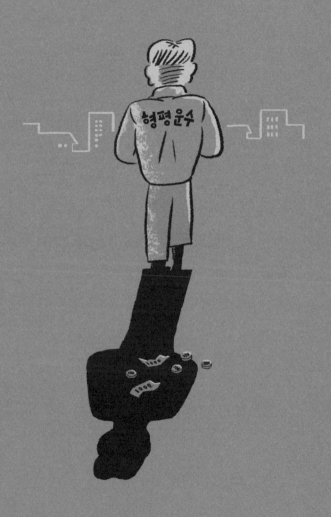

버스 회사에서 운전기사로 일하던 이운전(가명) 씨는 어느 날 회사에서 해고를 당했습니다. 버스 요금으로 4만 6400원을 받았는데, 이 중에서 4만 4000원만 회사에 납부하고 2400원을 개인적으로 챙겼기 때문입니다. 이운전 씨는 실수라고 주장했지만, 법원은 그가 일부러 돈을 가져갔다고 봤습니다. 이운전 씨는 설령 실수가 아니라도 겨우 2400원 때문에 16년 넘게 일한 버스 기사를 자르는 건 너무 심하지 않느냐고 주장했지만, 법원은 받아들이지 않았습니다. 버스 회사의 주된 수입원은 버스 요금입니다. 그러니 요금 관리는 버스 기사에게 매우 중요한 업무인데, 그걸 제대로 하지 않고 회사 돈을 함부로 가져갔으니 해고가 정당하다는 게 법원의 판단이었습니다.

나향욱 씨 사건과 버스 기사 사건을 담당한 판사는 다릅니다. 또, 판사마다 다른 판단을 내릴 수 있습니다. 하지만 버스 기사는 2400원 때문에 해고당하는 판국에 교육부의 고위 공무원은 국민을 '가축' 취급하는 막말을 해도 잘리지 않는 상황을 국민들이 쉽게 받아들이기는 힘들어 보입니다.

김변의 한정리 방의

법을 지켜야 하는 건 국민이나 국가나 마찬가지입니다. 국가는 행정작용을 할 때 법을 어기면 안 됩니다. 국가가 한 행정작용 때문에 피해를 입은 국민은 행정소송을 제기할 수 있습니다. 행정작용이 적법한지를 가리는 기준 중 하나가 비례의 원칙입니다. 비례의 원칙은 아무리 목적이 정당해도 적정한 수단을 사용해야 한다는 것입니다. 필요한 수준을 넘어선 수단을 사용한 행정작용은 위법합니다.

법,
조금 더
친해지기

살인 사건에서 무죄 판결을
받는 게 더 쉽다고?

도둑질과 살인은 둘 다 범죄입니다. 도둑질보다 살인이 훨씬 나쁜 범죄인 건 분명하죠. 그런데 도둑질한 사람과 살인한 사람 중에서 누가 더 무죄 판결을 받기 쉬울까요? 관련 통계가 있는지 알 수 없고, 사건마다 상황이 달라서 함부로 말하기는 어렵지만, 어찌 보면 살인을 저지른 사람이 무죄 판결을 받기 더 쉬울 수도 있습니다.

도대체 그게 무슨 소리냐고요? 범죄가 중대할수록 형벌도 강해집니다. 예를 들어, 다른 사람의 물건을 훔치는 절도에 대한 형벌은 "6년 이하의 징역 또는 1000만 원 이하의 벌금"입니다. 하지만 살인을 저지른 사람은 "사형, 무기 또는 5년 이상의 징역"에 처합니다. '그건 당연한 것 아니냐' '그게 무슨 상관이냐'라고 묻고 싶으신가요? 조금 더 풀어서 설명해 보겠습니다.

먼저 재판을 받는 피고인의 입장에서 생각해 볼까요. 벌금과 징역은 둘 다 형사 처벌이지만, 징역이 훨씬 무거운 처벌입니다. 벌금은 돈만 내면 되지만, 징역형을 받으면 교도소에 갇혀야 하죠. 가벼운 범죄를 저지른 사람은 벌금 정도만 낸다고 생각해서, 자신이 무죄라고 아주 열심히 주장하지 않고 죄를 인정할 수도 있습니다. 법원은 범죄를 저지른 게 맞는데도 무죄라고 바득바득 우기는 사람보다는, 자신의 죄를 인정하고 반성하는 사람을 조금 더 좋게 봐서 형벌을 비교적 가볍게 내리기도 합니다.

하지만 살인과 같은 강력 범죄는 이야기가 다릅니다. 유죄가 인정되어 교도소에 오랫동안 갇혀 있어야 하는 걸 쉽게 받아들일 사람은 별로 없습니다. 그러니 징역형을 선고받지 않으려고 기를 쓰고 노력하겠죠. 증거도 더 열심히 찾고, 주장도 최대한 논리적으로 하려고 애쓸 겁니다. 유능한 변호사의 도움을 받으려고 할 수도 있고요. 이렇게 최선을 다하니, 상대적으로 덜 열심히 노력하는 사건보다 무죄를 선고받을 확률이 높아지는 겁니다.

이번에는 판사 입장에서 접근해 볼까요? 판결을 선고하는 건 판사이지만, 그렇다고 판사가 '마음대로' 유죄와 무죄를 결정하는 건 아닙니다. 유죄 선고를 하려면 객관적인 증거가 있어야 합니다. 피고인이 범인이라는 증거가 충분하지 않으면 고민이 깊어질 수밖에 없지요. 피고인이 범인인 것 같기는 한데 확실하지는 않은 상황. 이런 상황에서 어떤 결론이 나올지에는 판사 개인의 양심과 법적인 판단뿐만 아니라 범죄의 중대함도 영향을 끼칩니다. 왜 그럴까요? 비유로 설명해 보겠습니다.

여러분이 두 개의 시험을 감독하는 감독관이라고 가정해 봅시다. 첫 번째 시험은 매달 치르는 어학 시험이고, 두 번째 시험은 1년에 딱 한 번만 치르는 대학 입학 시험입니다. 두 시험 모두 시험장에서 부정행위를 하면 다음 두 번의 시험을 볼 수 없다는 규정이 있다고 가정하겠습니다.

여러분이 시험 감독을 하고 있는데, 응시생이 다른 사람의 답안지를 훔쳐보는 부정행위를 하는 장면을 목격했습니다. 규정에 따르면 그 응시생의 시험을 중지하고 부정행위자로 처리해야 합니다. 어학 시험이라면 부정행위자로 처리하는 게 그리 부담스럽지 않습니다. 바로 다음번에는 응시하지 못해도 3개월 뒤에는 시험을 볼 수 있기 때문입니다. 하지만 대학 입학 시험이라면 어떨까요? 이 응시생을 부정행위자로 처리하면, 이 사람은 시험을 다시 보기 위해 3년을 더 공부해야 합니다. 여러분은 이런 걱정을 할지도 모릅니다.

'혹시 내가 잘못 본 건 아닐까? 내가 실수로 잘못된 판단을 하는 바람에 이 수험생이 억울하게 피해를 보면? 나 때문에 이 학생의 인생이 잘못될 수도 있을 텐데….'

이런 고민을 하는 순간, 그 응시생을 부정행위자로 처리하는 일은 어려워집니다. 즉, 부정행위 판단으로 인한 영향이 얼마나 더 큰지에 따라 감독관은 아무래도 좀 더 깊이 생각하게 되지요. 이건 판사도 마찬가지입니다.

'혹시 내가 잘못 판단한 건 아닐까? 내가 실수로 무고한 사람을 죄인으로 만드는 건 아닐까? 나 때문에 한 사람의 인생이 망가질 수도 있을 텐데….'

살인과 같이 중대한 범죄에 징역 등의 무거운 형벌을 선고하려면 사건을 더 꼼꼼하게 볼 수밖에 없습니다. "의심스러울 때는 피고인의 이익으로"라는 형사법의 원칙, 기억나시죠? 이 원칙이 더 강하게 작용하는 것이죠. 그러면 의심스럽긴 해도 증거가 충분하지 않다는 이유로 무죄가 선고될 수도 있는 겁니다.

#법은_만고불변_진리가_아냐 #고민
하고_토론하기 #법에서_발견한_다양
한_가치들 #법은_누구의_편인가

제 4 장

어떤 판결을
내려야 할까요?

법을
마주하기
전에

손에 들고 있던 사과를 놓치면 어떻게 될까요? 당연히 사과는 땅에 떨어집니다. 이건 언제, 어디에서나 마찬가지입니다. 한국의 서울, 미국의 뉴욕, 케냐의 나이로비에서도 사과는 땅에 떨어집니다. 구석기 시대와 조선 시대에도 그랬으며, 현재는 물론 앞으로도 그럴 겁니다.

사과가 바닥으로 떨어지는 이유는 지구가 물체를 끌어당기는 힘인 중력이 작용하기 때문입니다. 뉴턴은 두 물체 사이의 중력은 각 물체 질량의 곱에 비례하고, 두 물체 사이 거리의 제곱에 반비례한다는 규칙을 알아냈습니다. '만유인력의 법칙'이지요. 만유인력의 법칙이 지구상에서 시간과 공간에 상관없이 공통으로 적용된다는 점에서 알 수 있듯, 자연과학의 세계는 객관성이 특징입니다. 하지만 법의 세계는 다릅니다.

자연과학이 '현실 그 자체'에 집중한다면 사회과학은 '현실에 대한 판단'에 더 관심을 가집니다. 사과가 바닥에 떨어져 있는 동일한 상황에 대해 자연과학자가 던지는 질문이 "사과가 왜 떨어질까?"라면, 사회과학자가 던지는 질문은 "사과가 떨어져 있는 건 바람직한가?"라고 볼 수 있겠네요.

넓게 보면 법도 사회과학의 일종입니다. '무엇이 바람직한 상태이며, 어떤 것이 옳은지'에 대한 고민을 하지요. 그런데 '바람직하다, 옳다'와 같은 표현은 굉장히 추상적일 뿐만 아니라 매우 주관적입니다. 사람마다 생각이 다르니까요. 그러니 판결에도 판사의 주관적인 생각이 개입될 수밖에 없습니다.

물론, 법원의 판결은 존중하고 따라야 합니다. 하지만 판결이 만고불변의 진리는 아닙니다. 판결에 대해 고민하고 혹시 더 바람직한 결론이 있지 않은지 토론할 필요가 있지요. 이번에는 논쟁적인 주제들에 대한 판결을 들여다보면서, 법에서 발견할 수 있는 다양한 가치들을 함께 고민해 보겠습니다.

김 할머니의 인공호흡기를 제거해도 될까?

● 식물인간이 된 김 할머니

2008년 2월 김존엄(가명) 할머니는 한 대학병원에서 기관지 내시경을 이용해 폐종양 조직 검사를 받던 중 갑자기 심정지를 맞았습니다. 아무래도 70대 후반이라는 적지 않은 나이였기에 무리가 온 것 같았습니다. 의료진은 급하게 심폐소생술을 실시하였습니다. 그 덕분에 할머니는 심박동 기능을 회복했지만 다른 문제가 생겼습니다. 저산소증으로 뇌가 손상되어 식물인간 상태에 빠지고 만 것입니다. 식물인간 상태는 아직 뇌가 살아 있기에, 뇌의 기능이 완전히 멈춘

뇌사와는 다릅니다. 그렇지만 일반적으로 건강한 상태와는 큰 차이가 있지요.

김 할머니는 호흡이 멈춘 것은 아니지만 자발적으로 호흡할 수 없어 기계에 의지해야만 숨 쉴 수 있었습니다. 몸을 스스로 움직이지도 못하고, 눈을 뜨고는 있지만 외부의 자극에 전혀 반응을 보이지 않았습니다. 한마디로 죽지는 않았지만, 죽은 것과 비슷한 상태에 빠지고 만 것입니다.

가족들은 김 할머니가 의식을 찾고 다시 건강을 회복하길 간절히 기원했습니다. 하지만 가족들의 바람과 달리, 식물인간 상태에 접어든 지 8개월이 지나도록 김 할머니의 상태는 나아지지 않았습니다. 담당 의사도 김 할머니가 건강을 회복할 가능성이 매우 낮다고 판단했습니다. 결국 가족들은 중대한 결정을 내립니다. 바로 김 할머니의 인공호흡기를 제거하기로 한 것이죠.

사랑하는 가족을 떠나보내기는 너무도 싫었지만, 무엇보다 김 할머니를 생각한 결정이었습니다. 김 할머니가 의식이 없는 상태이지만, 만약 의식이 있었다면 '살아 있지만 죽은 것과 마찬가지인 상태로 계속 있는 것'보다는 차라리 자연스러운 죽음을 선택했을 것이라고 여긴 겁니다.

하지만 병원은 김 할머니 가족들의 요구를 받아들이지 않았습니다. 병원이 김 할머니의 인공호흡기를 제거하지 않은 건 의료기관으로서 환자를 살리겠다는 사명감도 작용했겠지만, 다른 이유도 있었을 겁니다. 김 할머니 가족들의 요구를 들어줄 경우, 병원이 법적인 책임을 질 수도 있거든요. 환자 보호자들의 요청에 따랐을 뿐인데 병원이 무슨 책임을 지냐고 생각할 수도 있지만, 실제로 병원 의사에게 법적인 책임을 물은 다른 사례가 있습니다.

김 할머니의 인공호흡기를 제거해 달라는 가족들의 요청을 병원이 받아들이지 않자, 가족들은 할 수 없이 법원을 찾았습니다. 김 할머니의 사건을 맡은 법원은 고심 끝에 김 할머니 가족들의 손을 들어 주었습니다. 그제야 병원은 김 할머니의 인공호흡기를 제거하였고, 김 할머니는 숨을 거두었습니다.

김 할머니 사건은 인간에게 가장 중요한 권리인 **생명권**과

인간으로서의 존엄을 누릴 권리에 대한 문제를 다루고 있습니다. 이제부터 이 사건을 통해 인간의 생명권, 인간으로서의 존엄 등의 가치를 살펴보겠습니다.

● **연명치료를 중단해도 될까?**

김 할머니의 가족들이 요청한 일은 김 할머니의 인공호흡기를 제거해 달라는 것이었습니다. 이렇게 목숨을 연장하는 치료를 그만두는 걸 '연명치료 중단'이라고 합니다. 이 사건의 쟁점을 정확하게 이해하려면, 연명치료를 조금 더 자세히 알아볼 필요가 있습니다.

사람들이 병원에 가는 이유는 질병을 치료하기 위해서입니다. 즉, 보통의 치료는 질병을 없애거나 약화시키는 것이 목표입니다. 하지만 연명치료는 다릅니다. 질병을 치료하는 게 아니라, 질병이 더 악화되지 않고 환자가 그저 현재의 상태를 유지하도록 하는 게 연명치료의 목적입니다. 그러니까

'연명치료'라는 말 그대로 목숨을 연장시키는 치료인 겁니다. 일반적인 치료가 아닌 연명치료를 할 수밖에 없는 건 환자의 상태가 매우 나쁘기 때문이지요.

연명치료는 환자가 의식 및 생명과 관련된 중요한 생체 기능의 상실을 회복할 수 없고, 환자의 죽음이 임박했을 때 이루어집니다. 그런데 몸이 나아질 가능성이 거의 없거나 아주 희박한데도 불구하고 목숨만 연장시키고자 시행하는 치료는 **인간으로서의 존엄**에 반할 수 있으니, 그 치료를 중단해 달라는 요청이 제기된 것이죠.

연명치료 중단과 구별해야 하는 개념으로, **안락사**가 있습니다. 안락사는 환자가 극심한 고통을 겪고 있거나 불치의 병에 걸렸을 때, 약물 등을 투여하여 환자를 죽음에 이르게 하는 행위입니다. 환자가 죽는다는 점에서는 안락사와 연명치료가 비슷한 면이 있긴 하지만 이 두 가지는 성격이 좀 다릅니다.

연명치료 중단은 적극적인 치료를 하지 않고 기존에 하던 치료를 그만두는 것입니다. 소극적·수동적인 성격이 강하죠. 하지만 안락사는 기존의 치료를 중단하는 게 아니라 독약 투여와 같이 사람을 죽게끔 하는 적극적·능동적인 행동이라는 점에서 차이가 있습니다. 안락사는 일종의 살인이므로 우리나라에서는 허용되지 않습니다. 다른 대부분의 나라에서도 마찬가지입니다. 그렇다면 연명치료 중단은 어떻게 봐야 할까요?

연명치료 중단과 안락사는 엄연히 다르지만, 연명치료를 중단하는 것도 인위적인 행동으로 결국 환자를 죽게 만듭니다. 그래서 연명치료 중단을 반대하는 사람들도 있지요. 실제로 김 할머니 사건에서 대법관 두 명은 연명치료 중단은 자살을 돕는 것과 비슷하니 원칙적으로 허용되지 않는다는 의견을 제시했습니다.

사람의 생명은 다른 무엇과도 바꿀 수 없는 고귀한 것입니다. 살아 있다는 것 자체로 가치 있지요. 이러한 목숨을 빼앗는 일을 해서는 안 된다는 것이 연명치료 중단을 반대한 대법관들의 생각이었습니다. 또한 오랫동안 식물인간 상태에 있던 사람이 기적적으로 정신을 회복하는 일도 종종 있습니다. 이런 사례들이 연명치료를 인위적으로 중단해서는 안 된다는 주장의 근거가 되기도 합니다.

이들의 의견도 물론 타당하지만, 다른 다수의 대법관들은 생각이 달랐습니다. 그들은 일정한 요건을 갖춘 경우에는 연명치료를 중단할 수도 있다는 의견을 표했습니다. 그 근거는 인간의 존엄성입니다.

● **존엄하다는 건 뭘까?**

존엄이란 뭘까요? 국어사전에 존엄의 뜻은 '인물이나 지위 따위가 감히 범할 수 없을 정도로 높고 엄숙함'이라고 정의되어 있습니다. 이것만 보면 마치 높은 지위나 강한 권력을 가진 사람만 존엄하다고 오해할 수 있으나, 지위나 권력과는 무관

> **헌법에 있는 인간의 존엄**
> 헌법 제10조에 규정되어 있습니다. "모든 국민은 인간으로서의 존엄과 가치를 가지며, 행복을 추구할 권리를 가진다. 국가는 개인이 가지는 불가침의 기본적 인권을 확인하고 이를 보장할 의무를 진다."

하게 인간은 누구나 존엄한 존재입니다. 즉, 사람은 사람이라는 그 이유로 귀하고 소중합니다. 그러니 존중받아야 마땅합니다. 같은 이유에서 다른 사람을 함부로 괴롭히거나 다른 이에게 고통을 가하는 행위는 용납될 수 없습니다.

그렇다면 어떻게 해야 인간의 존엄성을 보호할 수 있을까요? 이건 아주 철학적인 문제로, 법학의 영역을 넘어선 질문입니다. 법학은 일반적이고 추상적인 상황에 대한 정답을 찾기보다는 구체적인 문제에 대한 적절한 해결책을 제시하는 학문에 가깝습니다. 그래서 인간의 존엄성에 대한 법학적인 질문을 하자면 이렇습니다.

'김 할머니처럼 오랫동안 식물인간 상태에 빠진 사람의 목숨을 인공호흡기로 계속 유지시키는 행위가 혹시 인간의 존엄성을 해치지는 않을까?'

신체에 장애가 있거나 질병을 앓는다고 해서 그 사람의 삶이 비참한 건 결코 아닙니다. 우리 주변에는 장애나 질병이 있어도 누구보다 충만한 삶을 살아가는 사람들이 많이 있습니다. 스티븐 호킹 박사가 대표적인 예입니다. 그는 루

게릭병이라는 희귀병에 걸려 온몸을 제대로 움직일 수 없었지만, 활발한 연구 활동을 통해 '아인슈타인 다음으로 천재적인 물리학자'라고 불리기도 했습니다.

하지만 단순히 장애나 질병이 아닌, 인간으로서 살아간다고 할 만한 요소가 삶에서 많이 없어진 상태라면 이야기는 달라집니다. 좋아하는 이들과 함께 이야기를 나누며 일상을 공유하는 즐거움, 하고 싶은 일을 하면서 사는 재미, 고민과 성찰을 통해 보다 나은 삶을 생각하기…. 이런 것들로 우리는 살아 있음을 느끼곤 합니다. 그런데 식물인간 상태에서는 이런 것들을 전혀 할 수 없으니, 온전하게 살아 있다고 보기는 조금 어렵습니다.

사람마다 가치관이 제각각이라 삶과 죽음에 대한 생각은 다를 수 있습니다. "개똥밭에 굴러도 이승이 좋다"라는 속담이 있는 것처럼 어떤 이는 무슨 일이 있어도 목숨을 유지하는 게 가장 중요하다고 여길 수 있습니다. 이들의 생각은 존중받아야 합니다.

하지만 이와 다른 생각을 가진 사람들의 의견도 존중할

필요가 있습니다. 어떤 사람들은 죽은 것과 비슷한 상태에서 목숨만 겨우 유지한 채 삶을 연장시키는 일이 오히려 인간의 존엄을 훼손한다고 생각할 수도 있는 겁니다. 생명은 무엇보다 중요한 가치이지만, 그것을 유지하는 일뿐만 아니라 아름다운 죽음을 맞이하는 것도 중요한 일입니다. 고(故) 김수환 추기경이 돌아가시기 전에 자신은 인공호흡기에 의존하지 않고 스스로 호흡하겠다는 뜻을 분명히 밝힌 것도 아마 이런 의미에서 비롯되지 않았을까요. 그래서 연명치료를 받지 않고 자연스럽게 죽음을 맞이하는 걸 **존엄사**라 부르기도 합니다.

● **언제 연명치료를 중단할 수 있을까?**

연명치료와 존엄성의 관계를 이제 조금 아시겠나요? 다시 김 할머니의 이야기로 돌아가 보겠습니다. 김 할머니의 존엄성을 지키기 위해 연명치료를 중단해도 되는 걸까요?

대법원에 있는 다수의 대법

대법관
우리나라의 최고 법원인 대법원
에서 재판을 하는 판사입니다.
대법관은 대법원장을 포함하여
총 14명이고, 임기는 6년입니다.

관들은 '일정한 요건을 갖추

면' 연명치료를 중단할 수 있

다는 입장을 표했습니다. 그

렇다면 그 '일정한 요건'이 무엇이며, 어떤 때에 연명치료를

중단할 수 있다는 걸까요?

첫째, 환자의 건강이 회복 불가능한 상태여야 합니다. 환

자가 의식을 되찾을 가능성이 거의 없고, 생명과 관련된 중

요한 신체 기관들이 이미 많이 손상되어 곧 죽을 것이 분명

한 상황이어야 하는 것이죠.

둘째, 환자 스스로가 연명치료 중단을 원해야 합니다. 연

명치료 중단의 당위성은 환자의 존엄성을 지키는 경우에 성

립합니다. 하지만 존엄성에 대한 생각은 사람마다 다를 수

있습니다. 연명치료가 자신의 존엄성을 침해하는지 아닌지

는 본인이 결정을 해야 합니다.

첫 번째 요건인 환자의 상태는 병원의 의사들이 비교적

객관적으로 확인할 수 있지요. 문제는 두 번째 요건인 환자 본인의 생각입니다. 본인에게 물어보면 되는데 뭐가 어렵냐고요? 지금 환자는 의식이 없는 식물인간 상태입니다. 만약 환자가 미리 "내가 의식불명의 상태가 되면 연명치료는 하지 말고 그냥 자연스러운 죽음을 맞이하게 해 달라"라는 식으로 자신의 생각을 밝혀 두었다면 이 문제는 쉽게 해결되었을지도 모릅니다. 하지만 이런 걸 미리 대비해 두는 사람이 많지는 않습니다. 김 할머니의 경우도 그랬습니다.

의식이 없는 김 할머니에게 질문을 할 수도 없고, 기존에 김 할머니가 어떤 생각을 했는지도 알기 어려운 난감한 상황. 법원은 어떻게 해야 할지를 고민하다가 '추정'이라는 방법을 사용하기로 결정했습니다.

추정은 미루어 짐작해서 상황을 판단하는 방법입니다. 친구에게 1만 원만 빌려 달라고 말했더니 그 친구가 말없이 돈을 꺼내 여러분에게 건네준 상황을 가정해 볼까요? 그 친구가 "내가 돈 빌려줄게"라고 분명하게 말한 건 아닙니다. 하지만 돈을 꺼내서 준 걸 보면 그가 돈을 빌려줄 생각이었다는 걸 미루어 짐작, 그러니까 추정할 수 있는 겁니다.

그렇다면 연명치료에 관한 김 할머니의 생각이 어떤지는 어떻게 추정할 수 있을까요? 법원은 그 사람이 평상시에 가족이나 친구들에게 한 말, 다른 사람의 치료 소식을 접한 뒤의 반응, 종교 및 평소 생활 태도 등을 근거로 그 생각을 추정할 수 있다는 입장입니다. 이 사건의 경우, 법원은 김 할머니가 연명치료 중단을 원했을 것이라고 추정했습니다. 그 추정의 근거는 크게 세 가지 정도입니다.

첫째, 김 할머니는 독실한 기독교 신자로서 항상 정갈한 모습을 유지하려고 했습니다. 또, 자그마한 흉이라도 다른 사람에게 보이는 걸 싫어했습니다. 15년 전에 일어난 교통사고로 팔에 남은 흉터를 보이기 싫어서 여름에도 긴팔을 입고 생활할 정도였습니다.

둘째, 김 할머니는 텔레비전을 보다가 병석에 누워 간호를 받으며 살아가는 사람의 모습을 보고는 "나는 저렇게까지 남에게 누를 끼치며 살고 싶지 않고 깨끗이 이생을 떠나고 싶다"라고 말한 적이 있습니다.

셋째, 김 할머니는 3년 전에 자신의 남편이 임종할 당시에, 남편의 생명을 며칠 더 연장할 수 있는 기관절개술을 거부했습니다. 남편이 그대로 임종을 맞게 한 것이죠. 그러면서 이런 말을 남겼습니다.

"내가 병원에서 안 좋은 일이 생겨 소생하기 힘들게 되면 호흡기는 끼우지 말아라. 기계에 의지하여 연명하는 것은 바라지 않는다."

즉, '이런 사정을 종합하면 김 할머니도 연명치료 중단을 원하지 않았을까'라고 미루어 짐작할 수 있다는 게 법원의 판단이었습니다.

물론 단편적인 사실 세 가지만으로 김 할머니의 의사를 쉽게 추정할 수 없다는 반론도 가능합니다. 실제로 이런 문제점을 지적한 대법관도 있었지만, 이러한 소수 의견이 대법원의 공식적인 견해가 되지는 않았습니다. 대법원은 김 할머니 가족의 요구를 들어줬고, 인공호흡기는 제거되었습니다. 김 할머니는 인공호흡기를 떼고 약 200일이 지난 뒤에 세상을 떠났습니다.

김 할머니 사건 이후 연명치료에 대한 관심이 높아졌습니다. 그러자 국회는 '호스피스·완화의료 및 임종과정에 있는 환자의 연명의료결정에 관한 법률'을 제정했습니다. 이 법에는 의사가 언제 연명치료를 중단할 수 있는지, 환자가 연명치료를 중단하고 싶으면 어떤 절차를 거쳐야 하는지 등의 내용이 담겨 있죠. 이처럼 사회가 변하면 법도 그에 따라 새롭게 만들어집니다.

김변의 한방 정리

인간에게 생명은 무엇보다 소중합니다. 그래서 살인을 가장 중대한 범죄로 여기죠. 하지만 단순히 목숨만 유지하는 수준이라면 어떨까요? 그조차 인간다운 삶이라고 단정하기는 어렵습니다. 그래서 어떤 사람들은 인간의 존엄성을 생각해 연명치료를 중단하는 선택을 합니다. 그런데 당사자가 연명치료 중단에 대한 생각을 미처 밝혀 두지 못했다면 어떻게 할까요? 그때는 평소 그 사람의 생활 태도나 가치관 등을 바탕으로, 그 사람의 생각을 추정하여 연명치료 중단 여부를 결정할 수 있다는 게 법원의 입장입니다.

학교 선생님에게 밥을 살 때 조심해야 하는 이유는?

● 선물과 밥값

진실일보사(가명)에 근무하는 공보도(가명) 기자는 어느 날 자신의 책상에 놓여 있는 선물을 발견했습니다. 보낸 사람을 보니 발전기업(가명)의 홍보팀 직원이었습니다. 전화를 걸어서 선물을 왜 보냈냐고 물으니, 그 직원은 이렇게 말했습니다.

"평소에 훌륭한 기사 쓰시느라 고생이 많으시잖아요. 건강 챙기시라고 홍삼 진액 좀 보냈습니다. 앞으로 힘내서 좋은 기사 많이 써 주시기 바랍니다."

전화를 끊고 나니 자신이 며칠 전에 쓴 기사 하나가 떠올랐습니다. 각 기업들이 봉사 활동에 얼마나 참여하고 있는지에 대한 기사를 작성했는데, 그 기사에서 발전기업을 우수 사례로 언급했던 것입니다. 대가를 바라고 기사를 쓴 건 아니지만, 막상 선물을 받고 나니 공보도 기자는 기분이 좋아졌습니다.

사립고등학교에서 수학을 가르치는 송공식(가명) 교사는 올해 3학년 담임을 맡았습니다. 담임이 된 지 얼마 되지 않아 학부모 한 명에게서 만나자는 연락이 왔습니다. 무슨 일이 있냐고 물으니 별다른 건 아니고 식사나 한 끼 하자는 것이었습니다. 고급 한정식집에서 만난 학부모는 이런 이야기를 했습니다.

"요즘 아이들이 선생님 말씀도 잘 안 듣는다고 하던데 많이 힘드시죠? 저희 아이가 부족한 면이 많지만 심성은 고운 아이니까, 사랑과 애정으로 잘 돌봐 주세요."

열심히 하겠다는 대답을 하고 자리에서 일어났는데, 그 학부모가 계산대로 부리나케 달려가는 것이었습니다. 송공식 교사는 자신의 밥값을 내겠다고 했지만, 그 학부모는 손사래를 쳤습니다. 송공식 씨는 교사의 권위가 많이 약화된 요즘, 친절한 학부모에게서 맛있는 밥을 대접받으니 선생님으로서 존중받는 것 같아 집으로 돌아가는 발걸음이 가벼웠습니다.

자, 이 두 이야기는 가상의 사례입니다. 하지만 그동안 우리 사회에서 흔히 볼 수 있었던 광경이기도 하죠. 그런데 이젠 이런 모습을 보기 쉽지 않습니다. '청탁금지법'이란 법이 이런 행위들을 금지하니까요. 공보도 기자와 송공식 교사는 이 법에 문제가 많다고 생각했습니다. 취지는 좋지만, 규제가 지나치게 심하다는 겁니다.

언론사 기자, 사립학교 교직원 등은 청탁금지법이 헌법에 위반된다고 주장하며 헌법재판소에 소송을 제기했습니다. 이들이 제기한 소송에 헌법재판소가 내린 결정을 들여다보면서 **국가 형벌권의 문제, 공공 영역과 민간 영역의 구분** 등의 문제를 알아볼까요?

● 청탁금지법이 뭔가요?

'청탁금지법'은 흔히 '김영란
법'이라는 별칭으로 불립니다.
김영란 전 국민권익위원회 위원
장이 주도적으로 만든 법이기

김영란은 누구인가요?
김영란은 판사 출신의 법조인
입니다. 2004년에 대법관이
되었는데, 우리나라 최초의
여성 대법관이기도 합니다.

때문입니다. '청탁금지법'은 줄여서 표현한 약칭이고, 공식
적인 법률의 이름은 '부정청탁 및 금품 등 수수의 금지에 관
한 법률'입니다. 공식 이름이 너무 기니 편의상 '청탁금지법'
으로 줄여서 부르겠습니다.

공식 법률 명칭에서도 알 수 있듯이 청탁금지법이 금지하
는 행위는 두 가지입니다. 하나는 부정한 청탁을 하는 일이
고 다른 하나는 금품을 주고받는 일입니다.

그럼 대체 '부정한 청탁'이란 무엇일까요? 청탁은 부탁과
비슷한 의미인데, 부정적 의미로 쓰이는 경우가 많습니다.
예를 들면 인사 청탁은 어떠한 자리에 있을 만한 능력이나
자격이 부족한 사람을 그 자리에 앉히는 데 힘써 달라고 부

탁하는 일을 뜻하지요.

　이외에도 다양한 청탁들이 존재합니다. 건축 허가를 받을
수 있는 조건을 갖추지 못했으면서도 허가해 달라고 구청의
담당 공무원에게 부탁하는 일, 도로교통법을 위반해 교통
단속에 걸렸는데 경찰에게 눈감아 달라고 하는 일… 이 모
두가 부정한 청탁입니다. 부정한 청탁은 그 자체로 잘못된
것입니다. 그래서 돈을 주지 않고 말로만 부탁해도, 또 설령
공무원이 요구를 들어주지 않더라도 청탁한 사람은 불법을
저지른 게 됩니다.

　부정한 일은 주로 돈과 연관이 되어 있습니다. 누군가 공
무원에게 돈을 줬다면 아무 이유 없이 그냥 줬다기보다는
뭔가를 바라고 그랬을 가능성이 높습니다. 공무원에게 대가
를 바라고 돈을 주면 뇌물죄로 처벌받습니다. 다만 뇌물죄
로 처벌하려면 대가를 바랐다는 게 밝혀져야 합니다. 그게
무슨 소리냐고요? 일반적으로는 대가를 바라고 돈을 주겠지
만, 특정한 대가를 바라지 않고 돈을 주었을 가능성이 있는
애매한 경우도 있거든요. 예를 들어 변호사와 공무원인 판

사 사이에 다음과 같은 일이 벌어졌다고 가정해 볼까요?

　김변호(가명)와 이판단(가명)은 고등학교 시절부터 친하게 지낸 친구 사이입니다. 김변호는 변호사가 되고, 이판단은 판사가 되었습니다. 이판단의 딸이 결혼을 하자 김변호는 이판단에게 축의금으로 200만 원을 줬습니다. 그 당시 김변호가 맡고 있는 사건에 이판단이 연관되어 있지도 않았죠. 두 사람이 오랜 친구 사이이고 친구 사이에 축의금을 주고받는 일이 많은 걸 생각하면, 김변호가 이판단에게 준 돈을 뇌물이라고 단정하기는 쉽지 않습니다. 하지만 그렇다고 문제가 전혀 없을까요? 김변호가 변호하는 사건을 당장 이판단이 담당하는 건 아니라도 나중에 김변호가 맡은 사건을 이판단이 담당할 수도 있습니다. 또, 200만 원은 일반적으로 내는 축의금 액수치고는 크죠. 이런 걸 생각하면 판사가 변호사에게 축의금 200만 원을 받은 것을 바람직하다고 보기도 어렵습니다.

이 경우처럼, 뇌물까지는 아니더라도 아주 깨끗한 돈이라고 보기는 좀 애매한 경우가 생길 수도 있겠죠. 이를 예방하기 위해 청탁금지법에는 돈에 대한 좀 더 엄격한 규정이 있습니다. 물론 예외가 있기는 하지만, 업무상 연관성이 있는 공무원에게 아예 돈을 주지 못하도록 정한 겁니다. 돈을 주면 안 되니, 대신 선물을 주는 건 괜찮을까요? 그렇지 않습니다. 이해하기 쉽게 '돈'이라고 표현했지만 선물이나 상품권을 주는 것, 밥값이나 술값을 대신 내 주는 것 모두 돈을 주는 것과 비슷하기 때문에 이런 행위들도 원칙적으로 다 금지됩니다.

● **청탁금지법은 누가 지켜야 할까?**

기본적으로 법은 모든 국민을 규율하지만 어떤 법률은 특정한 사람들에게만 적용됩니다. 이게 대체 무슨 말일까요? 형법과 의료법을 비교해 보겠습니다.

형법 제250조(살인, 존속살해)

① 사람을 살해한 자는 사형, 무기 또는 5년 이상의 징역에 처한다.

의료법 제19조(정보 누설 금지)

① 의료인이나 의료기관 종사자는 (…) 업무를 하면서 알게 된 다른 사람의 정보를 누설하거나 발표하지 못한다.

사람을 죽이면 처벌받는다는 형법의 조항은 모든 사람에게 적용됩니다. 하지만 위의 의료법 조항을 보면 알 수 있듯이 의료에 관한 정보를 누설하여 처벌받는 건 모든 사람이 아니라 의사, 한의사, 치과의사, 간호사와 같은 의료인에 한정되어 있습니다.

이렇듯 어떤 법률은 특정한 직업의 사람들이 잘못된 행동을 하지 못하도록 규제합니다. 청탁금지법이 그런 경우죠. 그렇다면 청탁금지법을 지켜야 하는 사람은 누구일까요?

청탁금지법은 공직자들에게 적용되는 법률입니다. 공직자로는 공무원이나 한국전력과 같은 공기업에 근무하는 직원들을 예로 들 수 있습니다. 이들은 모두 공적인 업무를 담당한다는 공통점이 있죠. 그런데 이들과 함께 청탁금지법의 적용을 받는 또 다른 사람들이 있습니다. 바로 언론기관에 근무하는 언론인(기자)과 사립학교에 근무하는 교직원(선생님)입니다.

기자와 사립학교 선생님은 공무원이 아닙니다. 처음에 국민권익위원회에서 이 법을 만들 무렵에는 기자와 사립학교 선생님은 공직자에 포함시키지 않았고, 이들은 청탁금지법과 직접적인 연관이 없었습니다. 그런데 국회에서 이 법에 대한 논의를 하면서 기자와 사립학교 선생님도 적용을 받는 걸로 내용이 바뀌었습니다.

그 배경에는 2014년 4월 16일에 발생한 세월호 참사가 있습니다. 참사의 원인을 곰곰이 따져 보니 그중 하나가 민간 영역에서 일어나는 부정부패였습니다. 공직 사회에만 부정부패가 만연해 있는 건 아니었죠. 그래서 민간 영역의 부정부패를 예방하는 목적으로 청탁금지법의 적용 대상을 확대한 것입니다. 그렇다고 민간 영역에서 일하는 모든 사람에게 청탁금지법을 적용하기는 어려우니, 그중에서도 특히 공적인 기능을 많이 하는 언론과 교육 분야 종사자를 포함한 겁니다.

● 기자와 사립학교 선생님도 공직자라고?

취지는 좋지만, 기자와 사립학교 선생님들은 청탁금지법에 불만이 있었습니다. 민간 영역에 문제가 있을 수 있지만, 그렇다고 국가가 개입하여 모든 문제를 해결하려 드는 건 옳지 않다고 주장했습니다. 공공 영역과 민간 영역은 엄연히 다르니까요. 예를 들어 볼까요?

공공시(가명)에서는 매년 모범적인 시민을 선정해 '우수 시민상'을 수여합니다. 한편 민간 기업을 운영하여 많은 돈을 모은 나성공(가명) 씨는 시민들에게 큰 기쁨을 준 사람에게 '행복 시민상'을 수여합니다. 만약 A라는 시민이 용기 있는 행동으로 다른 사람을 구했는데, 그와 사이가 나빴던 공공시의 담당 공무원이 A를 일부러 '우수 시민상' 수여 대상에서 제외했다면 어떨까요? 이건 분명히 문제입니다. 반면 B라는 사람이 많은 이들에게 기쁨을 줬지만, 그와 다툰 적 있는 나성공 씨가 B에게 '행복 시민상'을 주지 않는다면 어떨까요? 이는 비교적 큰 문제라고 볼 수 없습니다. 국민의 세금으로 상을 주는 공공시는 객관적이고 공정한 잣대에 맞추어 공무를 수행해야 하지만, 민간인인 나성공 씨는 자신의 의지에 따라 행동할 자유가 있기 때문입니다.

이렇듯 공공 영역과 민간 영역에는 차이가 있습니다. 각 영역에 다른 기준이 적용되어야 하고, 민간에 있는 사람들에게는 자율성이 보장되어야 바람직합니다. 헌법재판소도 그건 인정하고 있죠. 하지만 헌법재판소는 기자와 사립학교 선생님에게도 공직자와 마찬가지로 청탁금지법이 적용되어야 한다고 봤습니다. 왜 그럴까요? 기자와 사립학교 선생님이 민간 영역에 있기는 하지만, 하는 일이 공적인 성격을 띤다는 이유에서였습니다.

기자는 무슨 일을 하나요? 사람들이 다양한 사건·사고, 사회현상의 소식을 접하는 통로가 언론입니다. 우리는 언론을 통해 무슨 일이 일어났으며, 그 일이 어떤 의미를 지니는지를 생각해 보게 됩니다. 박근혜·최순실 국정 농단 사태가 널리 알려진 것도 JTBC라는 언론의 특종보도가 있었기 때문이었죠. 이를 보면 언론기관에서 일하는 기자들이 얼마나 중요한 일을 하는지 알 수 있습니다. 언론은 현장 곳곳의 소식을 우리에게 전달하여 국민의 여론을 형성하는 데 아주 중요한 역할을 합니다. 건강한 민주주의 발전을 위해 반드시 필요한 일을 하니 단순히 이윤을 추구하는 사기업과는 다른 측면이 있는 겁니다.

선생님도 공적인 역할을 합니다. 사립학교 선생님은 공립학교 선생님과 달리 공무원은 아니지만, 학생들을 가르치는 교육 업무에 몸담고 있다는 점에서는 차이가 없습니다. 교육이란 단순히 학생들에게 지식만 전하는 게 다가 아닙니다. 아이들에게 무엇이 옳고 그른지, 사회의 건강한 구성원이 되려면 뭘 해야 하는지를 가르치는 과정이기도 합니다. 교육을 통해 사람은 성장합니다.

기자와 사립학교 선생님은 민간 영역에서 일하기는 하나, 하는 일은 공적인 성격이 강합니다. 그래서 이들이 부패하면 사회에 미치는 부정적인 영향이 매우 큽니다. 헌법재판소는 이들을 공무원과 비슷하게 봐서 청탁금지법을 적용해도 문제가 없다고 본 것입니다.

● 신고 안 하면 처벌받는다고?

그럼 만약 공무원의 배우자가 돈을 받았다면 어떨까요? 그리고 그 공무원이 이 사실을 알았다면 어떻게 해야 할까요? 본인이 직접 받은 건 아니니 가만히 있어도 될까요? 안됩니다. 배우자가 돈을 받았다는 사실을 자신이 일하는 관공서의 상급 책임자에게 신고해야 합니다. 신고하지 않으면 돈을 받은 것과 마찬가지로 처벌을 받습니다.

돈을 직접 받은 것도 아닌데, 신고하지 않았다고 처벌하는 건 괜찮을까요? 어떤 사람들은 잘못한 정도에 비해서 지나치게 과중한 형벌을 받는다는 점을 문제로 지적했습니다. 우리는 앞서 '우리나라는 왜 술 마시고 저지른 범죄에 관대할까?' 장에서, 책임과 형벌은 떼려야 뗄 수 없는 관계라는

> **국가 형벌권**
> 다른 사람이 잘못을 했다고 함부로 개인적인 제재를 가하면 안 됩니다. 범죄를 저지른 사람을 처벌하는 권한은 국가만 가지고 있습니다. 이렇게 형벌을 집행할 수 있는 힘을 '국가 형벌권'이라 합니다.

것을 확인했지요. 형벌은 책임을 질 수 있는 사람에게 내려야 하고, 책임과 형벌의 무게는 비례해야 합니다. 즉, 져야 할 책임이 클수록 (잘못한 정도가 심할수록) 처벌이 강해야지, 크게 잘못하지 않았는데 심하게 처벌하는 건 바람직하지 않습니다.

여러분은 단순히 신고를 하지 않은 일과 돈을 받은 일 중에서 어느 쪽이 더 큰 잘못이라고 생각하시나요? 어떤 사람들은 돈을 받은 일에 비해 신고를 하지 않은 일은 잘못한 정도가 더 작은데, 둘을 똑같이 취급하는 건 타당하지 않다고 생각했습니다. 그래서 이들은 청탁금지법 중 신고에 대한

조항이 문제라고 주장했지요.

범죄를 저지른 게 아니라 범죄가 일어나는 걸 신고하지 않았다는 이유로 처벌하는 경우는 드뭅니다. 그런 경우를 찾아 보자면, 반란이 일어나는데도 상관에게 신고하지 않은 사람을 처벌하는 군형법 제9조와, 반국가단체를 만든 사람이라는 걸 알면서도 수사기관에 그 사람을 신고하지 않은 자를 처벌하는 국가보안법 제10조 정도를 들 수 있습니다. 나머지 법률에서는 비슷한 사례가 드뭅니다.

그러니까 배우자가 돈 받은 걸 알았지만 단순히 신고를 안 했다고 처벌하는 건 잘못한 정도에 비해 너무 과한 처벌일 뿐만 아니라, 다른 법률에서는 잘 처벌하지 않는 행위를 처벌하는 것이니 문제가 있다는 비판인 것이지요.

하지만 헌법재판소는 신고하지 않은 공무원을 처벌하는 법률 조항에 문제가 없다고 판단했습니다. 이유가 뭘까요? 이 조항이 있으면 사람들이 꼼수를 써서 청탁금지법을 빠져나가는 행위를 예방할 수 있기 때문입니다.

청탁금지법이 '공무원에게' 돈을 주는 행위를 금지한다고 하니, 꼼수를 쓰려는 사람은 이렇게 생각할 수 있습니다.

'청탁금지법은 공무원에게 돈을 주는 걸 금지하는 거야. 공무원의 배우자에게 주지 말라고 한 건 아니잖아. 그러니 배우자한테 돈을 주면 되겠네.'

공무원이 아니라 그 배우자에게 주는 것은 괜찮다면 너도 나도 그렇게 뇌물을 줄 것입니다. 배우자를 통해서 공무원에게 돈을 주는 효과를 얻기 위해서겠죠. "주머닛돈이 쌈짓돈"이라는 말이 있습니다. 부부는 한집에서 생활하며 함께 살림을 꾸리니 서로의 돈이 섞이는 경우가 많지요. 결국 누가 돈을 받든 그렇게 큰 차이가 없습니다. 그래서 나라에서는 신고를 통해, 공무원이 배우자를 이용해 돈을 받는 길을 아예 막고 있는 겁니다.

김변의 한방정리

'청탁금지법'은 공무원에게 부정한 방법으로 부탁을 하거나 돈을 주는 일은 금지합니다. 우리 사회에 만연한 부패를 막기 위해서 만든 법이죠. 공공 영역과 민간 영역은 다르지만, 공공 영역의 부패 못지않게 민간 영역의 부패도 심각합니다. 그래서 민간 영역에서 특별히 공공성이 높은 일을 하는 기자와 사립학교 선생님을 공무원과 비슷하게 보고 이들에게도 이 법을 적용합니다. 또한 공무원은 자신의 배우자가 돈을 받은 사실을 알게 되면 신고를 해야 합니다. 공무원이 배우자를 통해 뇌물을 받는 꼼수를 예방하기 위한 것이죠.

양심 때문에 군대에 못 가겠다는 사람들은 어떻게 하지?

● 군대와 양심

20대 중반의 나이에 접어든 김신념(가명) 씨는 요즘 들어 부쩍 깊은 한숨을 내쉽니다. 바로 군대 때문입니다. 얼마 전에 병무청으로부터 군대에 입대하라는 통지를 받은 겁니다. 대부분의 젊은이들은 군에 입대하기 전에 이런저런 걱정과 고민을 합니다. 하지만 김 씨의 고민은 보통의 사람들과는 좀 다릅니다.

김 씨가 믿고 있는 '여호와의 증인'이라는 종교는 전쟁을 완강히 반대합니다. 물론 모든 종교가 평화를 추구하고 전쟁을 멀리합니다. 그 점에서는 '여호와의 증인'과 비슷합니다. 문제는 그 방식입니다. 다른 종교들도 전쟁에 반대하지만 군대라는 조직 자체를 아예 부정하지는 않습니다. 전쟁을 막기 위해서는 현실적으로 군대가 필요하다는 입장이지요. 하지만 그가 믿는 종교의 신도들은 군대는 전쟁을 위해 존재하는 조직이기 때문에 군 입대는 양심상 도저히 할 수 없는 일이라고 생각합니다.

이신조(가명) 씨도 고민이 깊습니다. 입영 통지서를 받은 그는 종교적 신앙을 갖고 있지는 않습니다. 하지만 평화에 관한 자신의 신념을 지키고자 군대에 가서 군인으로 복무하지 않겠다는 뜻을 가지고 있습니다.

대한민국의 법에 따르면 건강한 성인 남성은 군대에 가야 합니다. 군인이 되려면 군사훈련을 받아야 하는데, 총을 들고 싸우는 일도 포함되어 있습니다. 입영 통지서를 받고도 아무 이유 없이 입대하지 않으면 어떻게 되냐고요? 3년 이하의 징역을 받아야 한다고 병역법에 나와 있습니다. 그러면 김신념 씨나 이신조 씨와 같이 군대에 가기를 거부하는 사람들은 감옥에 갈 수밖에 없는 걸까요? 이들처럼 자신의 종교나 신념 때문에 군대에 못 가겠다고 말하는 사람들을 흔히 **'양심적 병역거부자'**라고 부릅니다.

양심적 병역거부자는 오랫동안 우리 사회의 뜨거운 이슈였습니다. 양심적 병역거부를 옹호하는 사람들은 이렇게 말합니다. '개인의 종교나 신념을 존중해야 한다. 종교나 신념 때문에 군대에 가지 못하겠다는 사람을 감옥에 가두는 건 너무 가혹하다.'

하지만 반론도 만만치 않습니다. 외세의 침입을 막고 국가의 평화를 유지하려면 군대가 반드시 필요한데, 종교나 신념을 이유로 군대에 가지 않아도 된다면 누가 국가를 지키겠다고 나서겠냐는 겁니다.

양심적 병역거부는 헌법과 관련된 문제이기도 합니다. 헌법재판소는 2004년과 2011년에 양심적 병역거부에 대한 결정을 내린 적이 있는데, 그때는 양심적 거부자들의 주장을 받아들이지 않았습니다. 하지만 2018년 6월 28일, 헌법재판소는 기존의 입장을 바꿔서 양심적 병역거부자들의 손을 들어 주었습니다. 헌법재판소는 구체적으로 어떤 결정을 했으며, 그런 결정을 내린 이유는 뭘까요?

> **대법원. 헌법재판소의 입장이 바뀐다고요?**
>
> 대법원의 판결이나 헌법재판소의 결정은 만고불변의 진리가 아닙니다. 이 사건에서도 알 수 있듯이, 세상이 바뀌면 법도 변하고 법을 해석하는 방법도 바뀝니다.

● **양심은 마음의 소리?**

여러분은 '마음의 소리'라는 말을 들으면 제일 먼저 뭐가 떠오르나요? 혹시 인터넷 연재 웹툰이 생각나시나요? 마음의 소리는 유명 웹툰의 제목이기도 하지만, 여기서 말하려는 건 양심의 정의와 밀접한 연관이 있습니다.

헌법에도 양심이 등장합니다. 헌법 제19조는 모든 국민이 양심의 자유를 가진다는 내용을 담고 있지요. 그렇다면 양심은 도대체 무엇일까요? 국어사전에는 "사물의 가치를 변별하고 자기의 행위에 대하여 옳고 그름과 선과 악의 판단을 내리는 도덕적 의식"이라고 풀이되어 있습니다. 그럼 헌법재판소는 어떻게 생각할까요? 헌법재판소는 양심에 대해 이렇게 말합니다.

"양심이란 인간의 윤리적·도덕적 내심 영역의 문제이고, 헌법이 보호하려는 양심은 어떤 일의 옳고 그름을 판단함에 있어서 그렇게 행동하지 아니하고는 자신의 인격적인 존재 가치가 허물어지고 말 것이라는 강력하고 진지한 마음의 소리이지, 막연하고 추상적인 개념으로서의 양심이 아니다."

국어사전의 정의와 헌법재판소의 의견을 봤는데, 어떠세요? 좋은 말 같기는 한데, 무슨 말인지 정확히 와닿지 않는다고요? 이럴 때에는 구체적인 사례를 통해 생각해 보는 게 좋습니다. 헌법재판소가 양심의 자유에 관해 내린 결정을 같이 살펴보겠습니다.

언론사인 사실일보사(가명)는 「월간 사실」(가명)이라는 잡지를 발행하는데, 그 잡지에 실린 자신의 기사를 본 도저히 (가명) 씨는 깜짝 놀랐습니다. 사실과 완전히 다른 내용이었 거든요. 도저히 씨는 사실일보사를 상대로 민사소송을 제기 하면서 이렇게 주장했습니다.

"사실일보사의 기사 때문에 내 명예가 심각하게 훼손됐 다. 사실일보사는 손해를 배상하고 사죄 광고를 게시하라."

손해배상은 민사소송에서 일반적으로 사용되는 방법입니 다. 우리가 이 주장에서 눈여겨볼 것은 사죄 광고입니다. 사 죄 광고란 '이런저런 잘못을 저질렀고 그 잘못을 반성합니 다'라는 내용을 광고하는 것이죠. 사실일보사는 이를 강요 하는 게 문제라고 생각해 헌법재판소에 헌법소원을 청구하 였습니다. 이 사건에서 헌법재판소는 사실일보사의 손을 들 어 주었습니다. 그 근거가 바로 **양심의 자유**입니다.

잘못을 저지른 사람이 반성하는 일은 바람직합니다. 하지 만 반성은 마음에서 우러나서 자발적으로 해야지 다른 사람 이 강요해서 마지못해 하는 건 바람직하지 않습니다. 어떤 사람이 자신은 잘못을 하지 않았다고 생각하는데, 국가기관

(법원)이 '네 잘못을 인정하고 죄송하다고 말해!'라고 강요하는 건 그 사람을 억지로 무릎을 꿇리는 것과 별다를 바 없습니다. 이렇게 굴복을 강요하는 건 사람의 양심의 자유를 침해한다는 게 헌법재판소의 입장입니다.

양심의 의미에 대해 살펴보는 김에, '양심적 병역거부'라는 표현을 짚고 넘어가겠습니다. 종교나 신념 등의 이유로 병역을 거부하는 사람을 일반적으로 '양심적 병역거부자'라고 하는데, 이 말에 거부감을 느끼는 사람들이 많습니다. 양심적 병역거부에 대한 기사가 보도되면 이런 댓글이 곧잘 달립니다.

"양심적 병역거부라고? 그럼 너희는 양심이 있어서 군대에 안 가고, 난 양심이 없어서 군대에 간 거냐?"

양심적 병역거부자들이 군대에 간 사람을 비양심적이라고 비난하는 건 아닙니다. 양심은 주관적입니다. 누군가에게는 군대를 가는 게 양심일 수 있고, 다른 누군가에는 군대

를 가지 않는 게 양심일 수 있다는 겁니다. 헌법재판소도 이 점을 분명하게 밝히고 있습니다. '양심적 병역거부'라는 표현이 '군대에 간 사람은 비양심적'임을 의미하는 게 결코 아니라고 말이죠.

개인적인 생각으로는, 괜한 오해를 피하려면 '양심적 병역거부'보다는 '신념에 따른 병역거부'라는 표현이 조금 더 적당하지 않나 생각합니다. 하지만 일반적으로 쓰이는 표현이 '양심적 병역거부'이기 때문에 이 책에서도 그대로 사용하였습니다.

● 뭐가 문제일까?

양심적 병역거부자들이 문제 삼는 건 '병역법'입니다. 국민으로서 수행해야 하는 국가에 대한 군사적 의무를 병역이라고 합니다. 그리고 그 구체적인 내용을 정한 법이 '병역법'입니다.

병역법상 군인들은 모두 군사훈련을 받아야 합니다. 하지만 양심적 병역거부자들은 도저히 군사훈련을 받을 수 없다는 사

군인의 종류
병역법은 종류를 나누어 군인을 정의합니다. 가장 일반적인 건 육군·공군·해군에 입대해서 군 생활을 하는 '현역'과, 국가기관 행정 보조 등을 수행하는 '보충역'입니다. 군 복무가 끝난 군인은 '예비역'이 되죠.

람들입니다. 그럼 다른 사람들은 군대에서 국가를 위해 희생하면서 온갖 고생을 다하는데, 양심적 병역거부자들은 가만히 있겠다는 것일까요? 이들은 이렇게 주장합니다.

"우리도 다른 젊은이들처럼 국가를 위해 봉사하고 싶습니다. 하지만 그 방법이 군사훈련을 받고 전쟁을 준비하는 군 복무가 아니길 바랍니다. 예를 들면 사회복지시설이나 병원 같은 곳에서 사람들을 돕는 일은 얼마든지 할 수 있습니다. 우리에게 사회에 기여할 수 있는 다른 방법을 제시해 줬으면 좋겠습니다."

군대에 가지 않고 다른 방법으로 병역을 대신하는 걸 **대체복무**라고 부릅니다. 그런데 우리나라는 대체복무를 허용하지 않았습니다. 법적인 의미에서 이야기하면, 병역법에

대체복무 제도가 없었던 겁니다. 양심적 병역거부자들은 이 부분이 문제라고 주장했습니다. 병역법 조항에 대체복무 제도가 없기 때문에, 양심상 도저히 군대에 갈 수 없는 사람들은 군대나 교도소에 갈 수밖에 없으니 병역법은 양심의 자유를 침해한다는 것이죠.

하지만 대체복무 제도가 없어도 된다고 생각하는 사람들도 많이 있습니다. 이들의 주장은 이렇습니다.

"우리나라의 안보 상황은 매우 위태롭습니다. 최근 북한과의 관계가 개선되고는 있지만, 아직 북한과 군사적으로 대치 중인 게 엄연한 현실입니다. 꼭 북한이 아니더라도 외세가 우리나라를 침입할 가능성도 있습니다. 그런 일을 막으려면 군대가 있어야 하고 군인도 반드시 필요합니다.

그런데 대체복무 제도가 있으면 다들 군대에 가지 않고 대체복무를 선택할 가능성이 높습니다. 아무래도 군 복무보다 더 쉬워 보이니까요. 이렇게 되면 군대에 가는 걸 꺼리는 사람이 많아질 겁니다. 결국 군인이 부족해져 국방력이 약해지고요. 군대에 간 사람들은 '남들은 편하게 생활하는데

난 왜 이렇게 고생을 하지?'라는 생각이 드니 힘이 많이 빠지겠죠.

진짜 양심적 병역거부인지 아닌지를 가리는 것도 문제입니다. 대체복무를 선택한 사람들은 양심 때문에 어쩔 수 없이 대체복무를 선택했다고 하겠지만, 알다시피 양심이란 게 눈에 보이는 건 아닙니다. 이 사람이 정말로 양심적 병역거부자인지, 아니면 단순히 군대에서 고생하는 게 싫어서 양심적 병역거부자 행세를 했는지 구별하기 어렵습니다. 결국 너도나도 자신이 양심적 병역거부자라고 주장해서 군대에 안 가려고 할 겁니다."

● **헌법재판소의 결정은?**

대체복무 제도가 필요 없다는 주장도 상당한 설득력이 있습니다. 그만큼 국방은 중요한 문제입니다. 실제로 헌법재판소의 일부 재판관은 대체복무 제도를 병역법에 규정하지 않아도 문제없다는 의견을 제시했습니다. 하지만 이것이 헌법재판소의 공식적인 결정은 아닙니다. 다른 다수의 재판관이 대체복무 제도가 필요하다고 판단했기 때문입니다.

먼저 헌법재판소는 양심적 병역거부자의 수가 그렇게 많지 않다는 점에 주목했습니다. 통계에 따르면 매년 400~500명 정도가 양심을 이유로 병역을 거부하는데, 이 정도 인원이 빠진다고 해서 국방력이 약해지지 않는다고 본 겁니다. 특히 요즘의 안보 환경을 보면 단순히 군인이 많다고 국방력이 강하다고 말할 수도 없습니다. 예전에는 직접 총이나 칼을 들고 치고받으며 싸웠지만, 요즘은 첨단 무기가 발달해서 전만큼 군인의 수가 중요하지 않습니다.

또한 대체복무 제도를 도입하지 않더라도, 양심적 병역거부자들은 어차피 군인이 될 수 없는 사람들입니다. 그들은 군대에 가는 게 아니라 교도소에 갇히기 때문이죠. 군인으로서 국방력에 보탬을 주지 않을 사람들이라면, 차라리 대체복무를 하게 해서 사회에 도움이 되는 일을 시키는 게 낫겠다는 이야기입니다.

대체복무 제도를 도입하면 많은 사람들이 양심을 빙자해 군 복무를 하지 않으려 할 것이라는 주장에도 헌법재판소는 나름의 답을 내놓았습니다. 그 문제는 '대체복무 제도를 어떻게 만드느냐'에 달려 있다는 것이죠. 예를 들어 대체복무를 해야 하는 기간이 군 복무 기간보다 더 길고, 하는 일도 더 힘들게끔 제도를 만들면 문제를 해결할 수 있다는 겁니다. 차라리 군대에 가는 게 더 낫겠다 싶을 정도로 대체복무가 군 복무보다 더 힘들다면, 정말 양심에 따라 도저히 군대에 갈 수 없는 사람만 남게 될 것입니다. 그러면 자연스럽게 진짜 양심적 병역거부자를 가릴 수 있겠죠.

헌법재판소는 마지막으로, 대체복무 제도를 도입하지 않아 양심적 병역거부자가 겪는 고통이 너무 크다는 점을 지적했습니다. 양심적 병역거부자는 그동안 최소 1년 6개월 이상 교도소에 수감되어야 했고, 범죄를 저질렀다는 이유로 공무원이 되거나 회사에 취직할 때 불이익을 받아야 했습니다. 법을 어긴 건 맞지만 도둑질을 하거나 다른 사람을 다치게 만든 것도 아닌데, 너무 가혹한 처사라는 것이죠.

결론적으로 헌법재판소는 양심적 병역거부자가 주장하는 양심을 보호할 필요가 있다고 판단했습니다. 그래서 대체복무 제도가 없는 병역법이 헌법에 어긋난다는 결론을 내린 겁니다.

헌법재판소가 2019년 12월 31일까지 대체복무 제도를 도입해야 한다고 결정함에 따라 정부는 대체복무 제도를 만들고 있습니다. 제도 도입 과정에서 대체복무를 어디에서 할지, 기간은 얼마나 할지가 주된 논쟁이었습니다. 현재 국방부는 양심적 병역거부자들이 교도소나 구치소에서 36개월간 대체복무를 해야 한다는 입장입니다. 한편 헌법재판소가 대체복무 제도를 도입해야 한다는 결정을 하고 난 몇 달 뒤, 대법원도 헌법재판소와 유사한 판결을 하였습니다. 대법원은 진정한 양심에 따라 병역을 거부한 사람이라면 병역법에 따라 처벌할 수 없다고 선언했습니다.

김변의 한방정리

병역법에 따르면 대한민국의 신체 건강한 남자는 누구나 군대에 가야 합니다. 하지만 종교나 신념 때문에 군대에 갈 수 없다고 하는 양심적 병역거부자도 있습니다. 군대에서 군인으로 복무를 하는 게 자신의 양심상 도저히 용납되지 않는다는 겁니다. 그들은 군대가 아닌 다른 곳에서 국가를 위해 봉사할 수 있는 대체복무 제도를 만들어 달라고 주장했습니다. 헌법재판소는 양심적 병역거부자의 손을 들어 주었습니다. 그 취지는, 이들을 교도소에 가두는 것보다는 사회를 위해 봉사하게 하는 게 더 낫고, 대체복무 제도를 잘 만들면 부작용도 막을 수 있다는 것입니다.

왜 대형마트는 일요일에 문을 닫을까?

● 쇼핑은 나의 힘

최쇼핑(가명) 씨는 대형마트에 가는 걸 굉장히 좋아합니다. 신선한 과일과 음료수, 과자, 생필품 등을 저렴하게 구매할 수 있거든요. 그뿐인가요! 시식 코너에 가서 맛있는 음식을 공짜로 맛보는 것도 재미입니다. 대형마트는 단순히 물건만 파는 게 아닙니다. 미용실, 식당, 병원, 세탁소가 함께 있어서 생활에 필요한 대부분의 것들을 마트에서 구할 수 있습니다. 거기다 주차장도 잘 갖춰져 있고 위치도 시내 중심가에 있어 편리합니다. 쇼핑하기에 이보다 좋은 환경은 없다는 생각이 들죠. 주말에 한번 대형마트에 가면 하루 종일 있다가 저녁이 되어서야 나오는 날도 많습니다.

대형마트 주변의 전통시장에서 장사를 하는 상인 구판매(가명) 씨는 근심이 깊습니다. 손님이 점점 줄어들고 있거든요. 아무리 노력해도 대형마트와 경쟁하는 게 쉽지 않습니다. 다윗과 골리앗의 싸움이라는 느낌입니다. 동네에서 작은 슈퍼마켓을 운영하는 사람들의 입장도 비슷합니다. 대형마트에 손님이 몰리자 동네마트의 수입이 많이 줄었습니다.

이런 상황을 잘 알고 있는 구청장 김행정(가명) 씨는 전통시장과 동네마트를 살리기 위한 방안을 고민하다 대형마트의 영업시간을 제한하는 방법을 생각해 냈습니다. 그래서 다음과 같은 행정작용을 하였습니다.

"앞으로 우리 지역에 있는 대형마트들은 오전 0시부터 오전 8시까지는 영업을 할 수 없습니다. 그리고 매월 둘째, 넷째 주 일요일은 의무 휴업일이니 대형마트들은 영업하지 않아야 합니다."

> **행정작용**
> 국가나 지방자치단체가 행정의 목적을 실현하기 위해 벌이는 다양한 활동

전통시장 상인들과 동네마트 운영자들은 김행정 구청장의 결정을 환영했습니다. 하지만 대형마트를 운영하는 사람들은 불만입니다. 영업을 할지 말지, 몇 시부터 몇 시까지 영업할지는 장사하는 사람이 알아서 정하는 건데, 왜 이런 것까지 지방자치단체가 이래라저래라 간섭하는 걸까요? 아무리 구청장이라고 하더라도 이런 결정을 내리는 건 부당하다고 생각한 대형마트 운영자들은 김행정 구청장을 상대로 행정소송을 제기했습니다.

대형마트의 영업시간을 구청장이 정해도 괜찮을까요? 이 사건을 통해 **경제활동의 자유, 경제적 약자 보호**와 같은 문제들을 고민해 보겠습니다.

● 왜 대형마트의 영업을 제한할까?

아무리 구청장이라고 하더라도 일을 마음대로 처리할 수는 없습니다. 행정작용을 할 때도 법을 지켜야 합니다. 구청장이 대형마트의 영업시간과 영업일을 제한하려면, 그러한 행정작용을 가능하게 하는 근거가 법에 있어야 하죠. 그 근거가 바로 '유통산업발전법'입니다. 이 법에 따르면 필요한 경우에는 구청장이 대형마트의 영업시간을 제한하거나 의무 휴업일을 지정할 수 있습니다. 이런 법이 있는 이유는 뭘까요?

주된 이유는 동네마트와 전통시장의 상인들을 보호하기 위해서입니다. 대형마트는 물품을 대량으로 가져오기에 소규모로 제품을 갖춰 두는 동네마트나 전통시장에 비해서 비교적 저렴하게 물건을 팔 수 있습니다. 또한 편리한 주차 환경, 깔끔한 인테리어, 유용한 편의시설 등은 대형마트의 강점입니다. 각종 멤버십 할인이나 마일리지 적립도 되고요. 이런 장점들 때문에 소비자들은 대형마트를 선호하고 동네마트와 전통시장은 점차 멀리하게 되었습니다.

한 통계에 따르면, 2005년에 전국적으로 1660개소였던 전통시장이 2010년에는 1517개로 줄어들어 그 수가 연평균 1.8% 감소했고, 그 기간 동안의 점포당 평균 매출액은

약 20% 이상 감소했다고 합니다. 또한 전통시장의 침체로 그곳에서 일하는 사람들의 수도 과거에 비해 크게 감소하고 시장의 규모도 영세화되고 있습니다. 서울특별시의 전통시장 종사자 수는 2005년에 9만 9774명에서 2010년에는 8만 5482명으로 연평균 3% 감소했습니다. 전통시장은 점포의 개수, 매출, 일하는 사람 수가 모두 줄어들고 있는 겁니다.

대체로 대형마트는 대기업들이 운영하는 반면, 동네마트와 전통시장은 중산층과 서민이 운영하는 경우가 많습니다. 대형마트는 점점 커지는데, 동네마트와 전통시장은 계속 침체되자 기존에 서민들이 누리던 이익을 대기업들이 다 가져가고 있다는 비판이 제기되었습니다. 대기업이 골목 상권을 위협한다는 우려가 짙어졌고, 국회는 서민들의 영업을 보호하기 위해 대형마트 영업을 규제하는 '유통산업발전법'을 만들게 된 겁니다.

대형마트의 영업을 규제하는 이유는 동네마트나 전통시장 종사자 같은 중산층들을 보호하기 위해서이지만, 그게 전부는 아닙니다. 이는 사실 대형마트에 근무하는 직원들을

위한 조치이기도 합니다. 대형
마트는 굉장히 깔끔한 시설이
어서 근무하기 좋을 것 같지만,
그 안에서 일하는 사람들의 근
무 환경은 그다지 좋지 않은 편
입니다. 대형마트에는 물건을

> **근로시간**
> 근로기준법에 따르면 일주일
> 기준으로 최대 근로시간은 원
> 칙적으로 40시간입니다. 그
> 런데 근로자와 회사가 합의를
> 하면 12시간을 추가로 더 일
> 할 수 있어, 현재 일주일간 최
> 대 근로시간은 52시간입니다.

구매하려는 고객들이 항상 있기 때문에 근로자들은 쉬는 시
간을 잡기가 쉽지 않습니다. 게다가 쉬지 않고 말을 해야 하
기 때문에 물 한잔 마시기 어렵고, 특히 계산대에서 근무하
는 직원들은 화장실도 제대로 가지 못해 방광염과 변비 등
의 각종 질환에 시달린다고 합니다.

　대형마트의 근무 환경 문제는 원칙적으로 대형마트에서
스스로 해결해야 하는 걸 수도 있습니다. 하지만 행정기관
이 개입해 도움을 주는 것도 가능합니다. 이를테면 대형마
트의 영업시간을 제한하여 심야 근무를 금지하고, 적어도
한 달에 두 번은 영업을 하지 못하게 하여 근로자에게 쉴 수

있는 시간을 주는 것이죠. 그런데 이렇게 대형마트의 영업을 규제하면 경제활동의 자유를 침해하는 것은 아닐까요? 조금 더 알아봐야 하겠습니다.

● 경제활동은 어디까지 보장되나요?

대한민국의 정치체제는 **자유민주주의**이고, 경제체제는 **시장경제**입니다. 자유민주주의와 시장경제는 그 모습이 달라도 하나의 공통점이 있습니다. 그게 뭘까요? 그건 바로 개인의 **자유**를 중요하게 여긴다는 점입니다.

시장경제는 이와 대비되는 계획경제의 개념과 함께 살펴보면 쉽게 이해할 수 있습니다. 계획경제는 국가가 주도적으로 물건 및 서비스의 생산·분배·소비를 계획하고, 경제전반을 강하게 통제하는 경제체제입니다. 한마디로 경제의 주도권을 국가가 가지고 있죠.

이와 달리 시장경제는 국가가 아니라 각 개인이나 기업이 주도적인 역할을 합니다. 어떤 물건을 얼마나 생산하고 소비할지는 국가가 아니라 개인이 결정합니다. 자유로운 의사를 가진 사람들이 '시장'이라는 열린 공간에서 자유롭게 경제활동을 하는 게 바로 시장경제입니다.

이 체제의 가장 큰 장점은 효율성과 생산성입니다. 아무리 똑똑한 정부나 공무원이라도 시장의 모든 상황을 다 알기는 쉽지 않습니다. 앞으로 벌어질 일을 예측하는 건 더욱 어렵습니다. 따라서 계획을 제대로 세우는 일 자체가 힘듭니다. 또한 계획경제는 개인이 재산을 소유하는 걸 강하게 규제하는 경향이 있는데, 이런 규제가 심하면 사람들이 일을 열심히 하지 않을 가능성이 높습니다. 이렇듯 효율성과 생산성 면에서 장점이 크기 때문에 오늘날 대부분의 국가들은 시장경제체제를 채택하고 있습니다. 과거에 계획경제체제를 유지하던 나라들도 지금은 시장경제적 요소를 많이 받아들였지요.

우리나라의 헌법도 대한민국의 경제체제가 시장경제라고 분명히 밝히고 있습니다.

헌법 제119조 제1항

대한민국의 경제질서는 개인과 기업의 경제상의 자유와 창의를
존중함을 기본으로 한다.

　이는 개인의 자유로운 경제활동을 보장하는 시장경제체
제를 추구한다는 의미입니다. 시장경제체제가 장점이 많기
는 하지만, 그렇다고 문제가 전혀 없는 완벽한 경제체제는
아닙니다.

　시장경제체제의 가장 큰 문제점으로는 불평등이 꼽힙니
다. 가난한 사람은 점점 더 가난해지고, 부자는 더욱더 부유
해지는 불평등한 현상을 '빈익빈 부익부'라고 하지요. 사유
재산을 인정하고 개인의 능력에 따라 보상을 받는 게 시장
경제의 기본 원칙이라는 걸 감안하면 모든 사람이 모든 걸
다 똑같이 누리는 건 불가능합니다. 그렇다고 해서 지나치
게 그 차이가 커서 소수의 사람들이 대부분의 부를 차지하
는 상황을 바람직하다고 볼 수는 없습니다.

　시장에서 경제가 자유롭게 돌아가면서도 이러한 부작용

은 최소화할 수 있다면 좋

겠죠? 그래서 국가가 나 서

는 겁니다. 국가는 모든 국

민들이 이익을 골고루 나눠

가져갈 수 있는 환경을 마

련해 다 같이 잘살 수 있게 해야 합니다. 그리고 힘센 사람

들이 그렇지 못한 사람들을 부당하게 이용해 경제적인 이익

을 독차지하는 걸 예방해야 하죠. 헌법도 국가가 개입하여

시장의 문제를 해결하는 이러한 역할을 인정하여 아래와 같

이 규정하고 있습니다.

헌법 제119조 제2항

국가는 균형 있는 국민경제의 성장 및 안정과 적정한 소득의 분

배를 유지하고, 시장의 지배와 경제력의 남용을 방지하며, 경제

주체간의 조화를 통한 경제의 민주화를 위하여 경제에 관한 규

제와 조정을 할 수 있다.

예를 하나 들어 볼까요? 돈을 빌리는 일을 떠올려 보세요. 돈을 빌린 사람은 보통 그 대가로 이자를 냅니다. 돈을 빌릴지 말지, 이자로 얼마를 낼지는 원칙적으로 빌리는 사람과 빌려주는 사람이 알아서 정하면 됩니다. 하지만 다른 사람의 어려운 경제적 형편을 이용하여 말도 안 되는 높은 이자를 받는 고리대금 행위는 어떨까요? 빌린 돈은 100만 원인데 이자가 300만 원이어서 총 400만 원을 갚아야 한다면, 돈을 빌린 사람이 너무 큰 피해를 입습니다. 이런 일을 가만히 놔둘 수는 없겠죠. 그래서 우리나라에는 받을 수 있는 이자의 한도를 정한 '이자제한법'이 있습니다. 이 법에 따르면 이자로 받을 수 있는 돈의 최대치는 연 24%이므로, 100만 원을 빌린 사람은 1년 뒤에 이자를 합해 총 124만 원만 내면 됩니다.

경제체제에 대한 헌법의 태도를 정리해 볼까요? 기본적으로 각 개인은 경제활동을 자유롭게 할 수 있습니다. 하지만 자유로운 경제활동이 끼치는 부작용이 클 때에는 국가가 개입해 문제를 해결하기 위한 수단들을 쓸 수 있습니다.

● 영업의 자유 vs 소상공인 보호

경제활동의 자유와 그 한계에 대해서 알아보았으니, 다시 대형마트 이야기로 돌아가지요. 경제활동을 하는 다른 사람들과 마찬가지로 대형마트를 운영하는 사람들도 자유롭게 영업할 수 있습니다. 불법 무기처럼 법에서 금지하는 물건이 아닌 이상, 무슨 물건을 어디에서, 몇 시부터 몇 시까지 팔지는 알아서 정할 수 있지요. 그러니 대형마트 측이 야간 영업을 금지하고 한 달에 두 번 쉬게 하는 김행정 구청장의 행정작용에 불만을 가질 법도 합니다. 대형마트 운영자는 아마 이렇게 말할 겁니다.

"대형마트 때문에 전통시장의 매출이 줄어들 수도 있어요. 하지만 전통시장의 경쟁력이 낮으니 어쩔 수 없는 거 아닐까요? 소비자들이 전통시장을 많이 찾게 하려면, 전통시장이 스스로 노력을 해서 쇼핑 환경을 개선하고 가격도 낮춰야죠. 그래서 소비자들이 '전통시장이 더 좋네'라는 생각을 하게 해야지, 대형마트의 영업을 제한하는 식으로 문제를 해결해서는 안 된다니까요. 이건 헌법에서 보장하는 자유롭게 영업할 자유를 침해하는 일이에요."

물론 대형마트의 주장도 일리가 있습니다. 하지만 대법원은 대형마트가 자유롭게 영업할 자유도 중요하지만, 동네마트와 전통시장를 보호할 필요성이 더 크다고 판단했습니다. 대법원의 입장을 쉽게 정리하자면 이렇습니다.

"대형마트가 자유롭게 영업할 자유가 있다는 건 인정합니다. 하지만 대형마트 뿐만 아니라 동네마트나 전통시장의 역할도 중요하죠. 대형마트와 동네마트(전통시장) 어느 한쪽만 있어선 안 되고 공존해야 합니다. 그런데 지금은 대형마트가 독주하고 있어 유통 질서가 혼란스럽습니다. 이렇게 가다가는 대형마트만 남고 동네마트나 전통시장은 다 없어질 수도 있습니다.

일반적으로 동네마트나 전통시장에서는 대형마트보다 더

많은 사람들이 일을 하는데, 동네마트가 줄어들면 사람들의 일자리가 그만큼 사라집니다. 국가 전체적으로 보면 피해가 생길 수 있죠. 대형마트의 영업시간을 규제해서 동네마트나 전통시장에서 일하는 사람의 생존권도 지킬 필요가 있습니다. 그리고 대형마트 근로자들은 제대로 쉬지 못해 건강이 상하는 일이 많아요. 대형마트의 영업시간을 규제하면, 거기서 일하는 근로자들이 쉴 수 있는 시간을 확보할 수 있으니 그들의 건강도 보호할 수 있습니다.

대형마트 입장에서는 영업을 할 수 없으니 불만스러울 수 있지만, 아예 영업을 못 하게 하는 것도 아닙니다. 심야 영업을 금지하고 한 달에 두 번 정도 쉬는 거니, 이 정도면 그리 심하다고 볼 수 없습니다."

시장경제체제는 개인의 자유로운 활동을 최대한 보장합니다. 자유가 있어야 개인들이 창의적으로 열심히 일하고, 그 결과 사회가 효율적으로 발전할 수 있기 때문입니다. 하지만 자유가 만능열쇠는 아닙니다. 자유가 지나치면 다른

사람에게 피해가 가고, 사회 전체적으로 악영향을 미칠 수
도 있습니다. 그럴 때에는 사회질서를 유지하기 위해 국가
가 개입하여 개인의 자유로운 활동을 제한할 수 있지요.

　대법원은 기본적으로 대형마트의 자유로운 영업을 보장
합니다. 다만 대형마트의 영업 활동 때문에 피해를 보는 사
람들도 있으니, 영업시간을 어느 정도 제한하고 있는 것입
니다.

김변의 한방정리

경제가 발전하고 사회가 풍요로워지려면 개인에게 자유를 주어야 합니다. 자유로운 개인이 열심히 노력하여 우수한 결과를 내기 때문이죠. 하지만 무작정 자유만 강조하면 불평등은 물론 강자가 약자를 착취하는 일 같은 사회 문제가 발생할 수 있습니다. 이럴 때에는 시장에만 맡겨 둘 게 아니라 국가가 개입해 문제를 해결할 필요가 있습니다. 그런 문제를 해결하기 위해 영업의 자유가 일부 제한될 수도 있습니다.

법,
조금 더
친해지기

법은 누구의 편인가?

혹시 '유전무죄 무전유죄'라는 말을 들어 본 적이 있나요? 돈이 없는 사람은 큰 잘못을 저지르지 않아도 죄지은 취급을 받는데, 반대로 돈이 많은 사람은 큰 잘못을 저질러도 무죄가 되어 처벌받지 않는 상황을 냉소적으로 이르는 말입니다. 이 말은 1988년에 있었던 이른바 '지강헌 사건'을 통해 널리 알려졌습니다.

지강헌은 범죄를 저지르고 서울 영등포교도소에서 수감 생활을 하고 있었습니다. 그런데 지강헌과 그의 동료들이 충남 공주교도소로 이동되던 중에 갑자기 교도관을 공격하고 도망치는 사건이 일어났습니다. 그들이 달아나서 숨어든 곳은 서울의 한 가정집이었습니다. 지강헌 일당은 시민들을 인질로 잡고 인질극을 벌였는데, 그 과정에 지강헌이 외친 말이 바로 "유전무죄 무전유죄"였습니다.

교도소 수감자가 도망을 가고 인질극까지 벌인 건 끔찍한 일입니다. 하지만 지강헌 사건이 오늘날에도 회자되는 건 국민들이 사법부에 대한 불신을 가졌기 때문이겠지요. 법이 권력이 있는 사람들의 이익만 보호하고 약한 사람들은 내팽개쳐 둔다는 비판은 요즘에도 많이 나옵니다. 법은 과연 누구의 편일까요?

법은 특정한 사람이나 계층을 위해서가 아니라, 모든 사람을 위해 존재합니다. 하지만 실질적으로 법은 힘이 센 사람보다는 약한 사람에게 더 필요합니다.

흔히 동물의 세계를 약육강식이라고 표현합니다. 강한 동물이 약한 동물을 잡아먹으니까요. 사자가 사슴을 사냥해서 죽인 뒤 맘껏 포식을 하더라도 이를 나무랄 수는 없습니다. 하지만 사람들이 사는 세상은 다릅니다. 싸움 잘하는 불량배가 지나가는 사람의 호주머니를 털어 아무렇지도 않게 돈을 뺏는 일은 용납할 수 없습니다. 법은 그러한 일을 범죄로 규정하고 처벌합니다.

동물의 세계처럼 힘의 논리로만 사회가 움직여도 된다면 굳이 법을 만들 필요가 없습니다. 하지만 사람들이 모여 사는 사회는 동물의 세계와는 다른 질서로 움직여야 합니다. 그래서 법이 필요합니다. 법은 약한 사람, 가난한 사람, 사회적 소수자에게 더 필요하기에, 법을 만드는 국회도, 법을 해석하는 대법원도 '약자와 소외된 자를 위해 노력하겠다'는 말을 자주 합니다.

하지만 실상은 어떤가요? 법은 약한 이들의 눈물을 닦아 주고 그들을 위로하는 역할을 잘하고 있나요? 뉴스에서 들려오는 우울한 소식을 접할 때면 법이 제 역할을 하지 못하고 있다는 생각이 들곤 합니다. 정치인, 재벌 기업, 고위 관료, 유명 연예인들은 커다란 잘못을 저지르고도 이런저런 이유를 대며 잘 빠져나가 별 탈 없이 지내는 것 같습니다. 그런데 보통의 서민과 약자들은 사소한 잘못을 저질렀는데도 법의 냉엄한 심판을 받는 상황이 곧잘 목격됩니다.

특히 최근 불거진 논란은 충격적입니다. 대법원이 정권의 입맛에 맞춘 판결을 했다는 이야기가 나오고 있거든요. 재판을 담당하는 법원은 가장 중립적이어야 합니다. 그런데 법원이 국민의 이익을 위해 일하지 않고, 자신들의 이익을 좇아 권력에 줄을 섰다는 의혹이 강하게 제기된 상황은 많은 국민들에게 실망감을 안겼습니다.

'법을 어떻게 해석할 것인가'에 대한 권한은 정말 막강합니다. 법원이 어떻게 판결하느냐에 따라 한 사람의 인생과 한 사회가 달라질 수도 있습니다. 이처럼 막강한 힘을 법원에 주는 이유는 법원이 객관적이고 중립적인 입장에서 정의로운 판결을 할 수 있으리라는 믿음과 기대가 있어서이지요. 사람들이 억울한 상황에 빠졌을 때 기댈 수 있는 최후의 보루 같은 곳이 법원입니다. 그런데 법원이 국민의 이익이 아니라, 사법부 자체의 이익을 위해 잘못된 일을 하는 데 앞장선다면 국민들이 어떻게 법원을 믿을 수 있을까요.

　법은 완벽하지 않습니다. 법원도 그렇습니다. 법이나 법원에 문제가 있으면 바로잡아야 합니다. 법에 잘못된 점이 있고 법원이 판결을 제대로 하지 않으면 비판해야 합니다. 하지만 문제를 개선하고 비판하는 일 모두 합리적인 판단을 바탕으로 하여 적절한 방식으로 이루어져야 합니다. 빈대를 잡으려다 초가삼간을 다 태우는 어리석음을 범해서는 안 되니까요. '대한민국의 법은 엉망이고, 법조인들은 모두 청산의 대상이다' 하는 식의 무조건적인 반감은 문제를 해결하는 데 별 도움이 되지 않습니다.

　사회적으로 이슈가 된 사건에서 자신의 생각과 법원의 판단이 다르면, 일단 덮어놓고 법원을 욕하는 사람도 있습니다. 하지만 판결을 비판하려면 법원이 그러한 판단을 한 논리와 이유가 무엇인지 꼼꼼히 살펴보는 과정이 필요합니다. 이를테면 땅콩회항 사건에서 살펴보았듯이, 조현아 대한항공 전 부사장이 벌인 행패와 난동은 상식적으로 도저히 납득할 수 없으며 변명의 여지가 없는 나쁜 짓입니다. 하지만 그녀에 대한 도덕적인 비판이 당연한 것과 그녀를 '항로변경죄'로 처벌하는 일은 다른 문제입니다. 우리는 법의 논리를 읽어 가며, 법원이 그녀에게 무죄 판결을 내린 데에는 나름의 고심이 있었음을 확인했습니다.

법은 모든 사람의 안전과 행복을 위해 존재합니다. 그런데 법을 만드는 것도, 법에 맞는 판단을 하는 것도 모두 사람이 하는 일이라 부족한 점이 있을 수 있습니다. 법이 힘센 일부 사람들의 배를 불리는 수단이 아니라 온 국민의 삶을 윤택하게 하는 도구가 되려면 국민들의 매서운 감시가 필요합니다. 잘못한 일은 따끔하게 혼내야 합니다. 하지만 동시에 법에 관심과 애정도 줘야 합니다. 법에 부족한 점이 있긴 하지만, 누구도 법 없이는 살 수 없으니까요.

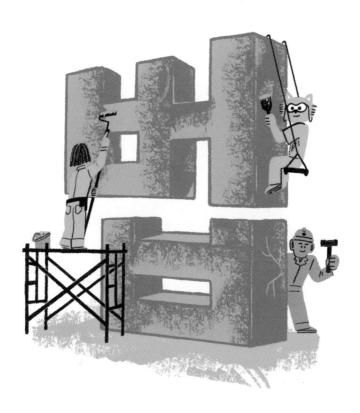